Norbert Golluch

DAS SURVIVAL-HANDBUCH FÜR LEHRER

Bibliografische Information der Deutschen Nationalbibliothek
Die Deutsche Nationalbibliothek verzeichnet diese Publikation in der Deutschen
Nationalbibliografie; detaillierte bibliografische Daten sind im Internet über
http://d-nb.de abrufbar.

Für Fragen und Anregungen
info@rivaverlag.de

5. Auflage 2021
© 2017 by riva Verlag, ein Imprint der Münchner Verlagsgruppe GmbH
Türkenstraße 89
80799 München
Tel.: 089 651285-0
Fax: 089 652096

Überarbeitete Neuausgabe des Buches *Lustig ist das Lehrerleben*, erschienen 2005
im Eichborn Verlag.

Alle Rechte, insbesondere das Recht der Vervielfältigung und Verbreitung sowie
der Übersetzung, vorbehalten. Kein Teil des Werkes darf in irgendeiner Form (durch
Fotokopie, Mikrofilm oder ein anderes Verfahren) ohne schriftliche Genehmigung des
Verlages reproduziert oder unter Verwendung elektronischer Systeme gespeichert,
verarbeitet, vervielfältigt oder verbreitet werden.

Redaktion: Christiane Otto
Umschlaggestaltung: Isabella Dorsch
Umschlagabbildung: Shutterstock.com/rudall30, Egor Shiloh, bioraven
Satz: Daniel Förster, Belgern
Druck: GGP Media GmbH, Pößneck
Printed in Germany

ISBN Print 978-3-7423-0325-7
ISBN E-Book (PDF) 978-3-95971-814-1
ISBN E-Book (EPUB, Mobi) 978-3-95971-815-8

Weitere Informationen zum Verlag finden Sie unter

www.rivaverlag.de

Beachten Sie auch unsere weiteren Verlage unter www.m-vg.de

INHALT

SCHULE MACHT ECHT SPASS! 9

KRIEG ICH DAS GEREGELT? 12

Was Lehrer heute können müssen 12

**PÄDAGOGEN AUS UNTERSCHIEDLICHEN
PERSPEKTIVEN** 14

Die Schulwirklichkeit in den Augen eines notorischen
Schwarzsehers 14

Zwölf Wochen Urlaub und mit 48 auf Rente:
Wie Eltern Lehrer sehen. 15

Pisa reloaded – und dann? 16

Lehrer, die haben es geschafft!
Was der Bürger so denkt. 17

Sadisten, Killer, Menschenfresser:
Wie Schüler ihre Lehrer sehen 18

So nicht, Herr Lehrer!
Einlassungen eines objektiven Vaters. 19

SURVIVAL-TIPP: FORTBILDUNG 21

Unterrichtssprache 1: Ghetto-Deutsch 21

Unterrichtssprache 2: Kraftdeutsch 22

Allzeit bereit! Die obligatorische Nahkampfausbildung 23

Noch ein lustiges Rollenbild: Der Lehrer als Entertainer   24

SURVIVAL-TIPP: SCHULFORMEN   26

Gessu auch Sondaschule? Null Stress!   26

Die Grundschule: Tausend kreischende Monster   27

Die Hauptschule: Das Haus der pubertierenden Zombies   27

Die Realschule: Mittelmaß, Mittelmaß!   28

Das Gymnasium: High Potentials?   29

Die Gesamtschule: Engagierte Kollegen? Psycho-Horror pur?   29

SURVIVAL-TIPP: LEHRERZIMMER   31

Die lieben Kollegen   32

Die Sache mit der Hackordnung: Pädagogische Rangfolgekämpfe   32

SURVIVAL-TIPP: ALLTAGSKRISEN   34

Hab ich jetzt alles? Der 7.30-Uhr-Check   34

Niki Laudas Kollegen: Das tägliche Rennen gegen die Uhr   36

Das Heilmittel gegen Psycho-Stress: Viele, viele bunte Pillen ...   39

Unsere Fahne flattert uns voran: Blau im Unterricht   41

Die Ohren auf Durchzug: Kommunikation im Lehrerzimmer   42

SURVIVAL-TIPP: ORGANISATION   45

Klassiker light   46

Die Unterrichtskartei   47

SURVIVAL-TIPP: TEAMWORK ... 51

SURVIVAL-TIPP: PÄDAGOGIK ... 53

Unterstufe: Die spontane Aktion ... 53
Mittelstufe: Das Referat ... 54
Oberstufe: Literaturarbeit ... 54

SURVIVAL-TIPP: VORBEREITUNG ... 56

Projekte sparen Ressourcen ... 56
Letzte Rettung! Der Ausflug in die Gruppentherapie . 58

SURVIVAL-TIPP: INNOVATION ... 60

Action-Painting und Land-Art:
Halligalli aus dem Stegreif ... 60
Der neue Musikunterricht ... 61
Lasst die Kreativen ran! ... 61
Musik: Schüler machen Programm:
Hip-Hop oder Oldie-Disco? ... 62
Die literarische Kurznachricht ... 62
Frechheit statt Fachwissen:
Der spekulative Unterricht ... 63
Wer war Jens Gotthold Trausteiner? ... 66

SURVIVAL-TIPP: KATASTROPHEN-MANAGEMENT .. 68

Der Schulrat kommt ... 68
Viel Spaß auch zu Hause: Der Elternbesuch ... 69
Unterrichtsfach Styling + Outfit? ... 71
Spitzenveranstaltung: Der Lehrerausflug ... 72
Auf Entdeckungsreise: Klassenfahrten ... 75
Sieben Nächte unter Wilden:

Die Klassenfahrt des Lehrers Lukas Pütz 76

SURVIVAL-TIPP: ELTERN 81

Elterntyp 1: Mein Kind, das verkannte Genie! 81

Elterntyp 2: Hauen Sie ihm ruhig mal was um
die Ohren! 83

Elterntyp 3: Also ich weiß auch nicht mehr, was ich
da machen soll 84

Elterntyp 4: Mein Großonkel ist beim
Schulaufsichtsamt! 85

Elterntyp 5: Ich habe Ihnen da eine Kleinigkeit
mitgebracht 86

Elterntyp 6: Das hat er von mir! 87

Elterntyp 7: Das ist doch Ihr Job! 88

ANHANG 90

Was Schüler heute lernen? 90

Ständige Bedrohung: Die Vornamen der Kinder 91

Die Nase voll? Aussteigerpläne 92

Mit den Eltern reden? 94

SCHULE MACHT ECHT SPASS!

Wie aus gewöhnlich gut unterrichtenden Kreisen verkündet wird, ist der Lehrerberuf das reinste Zuckerschlecken. Ein unzureichendes Studium ohne Praxisbezug, Planstellenmangel, Hektik, Stress, nervtötende Alltagsroutine, mangelhafte Ausrüstung der Schulen, fehlende ergänzende Betreuung durch Psychologen oder Sozialarbeiter und eine engstirnig denkende Schulbürokratie – das alles ist Lehrern unserer Tage völlig unbekannt. Ebenso wenig existieren unüberlegt in die Wege geleitete Rechtschreibreformen, Mobbing unter Lehrern und Schülern, Bandenkriminalität und Drogen in der Schule. Auch stellt niemand alle drei Tage eine neue oberclevere Pisa- oder OECD-Studie über den pädagogischen Erfolg des erzieherischen Handelns an. Selbstverständlich gibt es nicht alle vier Tage eine von oben verordnete Reform der letzten Schulreform, die weder Rücksicht auf die gigantische Klassengröße noch die psychischen Grenzzustände der Pädagogen nimmt, die sie umsetzen sollen. Auch ist es ein Gerücht, dass man sich Gedanken um irgendeine Zukunft für Schulabgänger aller Schulformen machen muss. Sie haben nämlich keine. Kurz gesagt, Lehrer sein ist ein Leben wie im Schlaraffenland, und deshalb sind Lehrer stets ausgeruht und gut gelaunt. Das muss schon deshalb so sein, weil nur ein ausgeruhter, gut gelaunter Lehrer ein guter Lehrer ist. Abgeschlaffte, überforderte, vom Leistungsstress geplagte Pädagogen hingegen können ihrem Erziehungsauftrag (wie immer der im Augenblick gerade lauten mag) nicht nachkommen, verbrauchen ihre wertvolle Freizeit zur Erholung und erreichen womöglich die Pensionsgrenze nicht ohne körperlichen und seelischen Schaden. Schon deshalb gibt es sie nicht (§ 1 Landesschulgesetz Schilda). Nun haben ja Lehrer an sich nichts dagegen, ausgeruht zu sein, und es gibt sogar drei Bevölkerungsgruppen, die ihnen dabei helfen wollen: Schüler, Eltern und nicht zuletzt die Schulbürokraten. Diese geben – alle zugleich und mit den unterschiedlichsten Mitteln – ihr Bestes, um den Schulalltag nicht langweilig werden zu lassen: Sie schreien, kommen zu spät, geben immer neue Erlasse und Verordnungen heraus, stammen entweder aus Kirgisien oder Obervolta oder gar aus der Unter-, Mittel- oder Oberschicht, verlangen nach Zuwendung, intrigieren, mobben, protestieren, pubertieren, haben ihre Hausaufgaben vergessen, halten ihre Kinder für verkannte Genies, heulen, toben herum, hecken unsinnige Streiche aus, liegen besoffen in den Anlagen des Schulhofs, bumsen im Klassenschrank, begehen Selbstmordversuche aus verschmähter Liebe, bestehen auf einer jährlichen Untersuchung durch das Gesundheitsamt, gehen über Tische und Bänke und pfeifen sich Drogen in flüssigem, festem und gasförmigem Aggregatszustand ein, bis der Arzt kommt. Und das alles nur, um für ein wenig Kurzweil (neudeutsch »Action« genannt) in der Schule zu sorgen. Schöner noch: Hinzu kommen die »lieben Kollegen«, von denen man manchmal glaubt, sie wollten die erstgenannten drei Gruppen an Einsatz und Engagement in Sachen Action noch übertreffen. Man kann also sagen: Der Lehrerberuf hat seit den Tagen Lehrer Lämpels noch deutlich an Reiz gewonnen.

Und damit Sie all die wunderschönen Erlebnisse und Begegnungen, die der Lehrerberuf so mit sich bringt, auch wirklich zu würdigen lernen und den großen und kleinen Katastrophen stets mit einem freudigen Lächeln gegenübertreten, wird Ihnen der folgende Erfahrungsbericht und Survival-Guide zeigen, wie Sie den Traumberuf Lehrer unbeschadet ausüben können.

KRIEG ICH DAS GEREGELT?

Was Lehrer heute können müssen

Der Schulmeister in grauer Vergangenheit war a) zu spät geboren, um den Hof zu erben, und/oder b) zu schwach, um auf dem Felde zu arbeiten, und/oder c) zu dumm, um Pfarrer zu werden (Latein!), aber d) zu schlau für den Beruf des Dorftrottels. Also wurde er Lehrer. Heute werden da ganz andere Anforderungen gestellt. Selbstredend brauchen sie Abitur auf irgendeinem Bildungsweg, 9 bis 19 Semester Studium, erstes Staatsexamen, Referendariat, zweites Staatsexamen. Das reißt jeder irgendwie runter. Aber man sollte sich, wenn man Lehrer werden will, Folgendes fragen: Habe ich die Begabung, stumpfsinnigste Verwaltungsarbeiten ohne seelischen Schaden abzuwickeln? Habe ich einen Vetter in der Schulverwaltung, um eine offene Planstelle halbwegs in der Nähe meines bisherigen Lebensumfeldes zu bekommen, oder eine Schwägerin in einer politischen Partei? Nein? Besitze ich dann den ausgeprägten Optimismus, dennoch auf eine geeignete Stelle zu hoffen, und die seltene Befähigung, ohne Schaden lange einsame Jahre in den entferntesten Winkeln und/oder an den feurigsten sozialen Brennpunkten unserer Bundesländer unter seltsame Dialekte sprechenden Eingeborenen (Meckpomm? Niederbayern? Köln-Chorweiler?)

zu verbringen oder alternativ lange Jahre von Hartz IV oder Flohmarkteinkünften (pädagogische Literatur) zu leben? Und wenn es dann klappt: Habe ich Nerven aus Stahl, die körperliche Konstitution eines Zehnkämpfers, den Schwarzen Gürtel in Karate oder Kung Fu oder ersatzweise eine Nahkampfausbildung der US-Marines? Auf jeden Fall ist eine Weiterbildung à la »Rhetorik der Vorstadt – wie gehe ich mit aggressiven Tiefbaufacharbeitern und anderen Vätern um, die stärker sind als ich?« anzuraten. In den einschlägigen Vierteln von Groß- und Kleinstädten dürfte außerdem ein Ergänzungskurs »Kanak für Pädagogen« günstig sein. Zwingende Voraussetzung ist zu alledem die seltene Begabung, mit geistiger Minderbemittlung bei Kindern, Jugendlichen und Erwachsenen (auch Kollegen) umzugehen, und das etwa 6 Stunden zu je 120 gefühlten Minuten am Tag.

PÄDAGOGEN AUS UNTERSCHIEDLICHEN PERSPEKTIVEN

Die Schulwirklichkeit in den Augen eines notorischen Schwarzsehers

Jetzt mal ganz ehrlich: Der Vergleich mit Sodom und Gomorrha wäre beschönigend. Nichts als das reinste Chaos regiert in unseren Schulen. Schüler gehen über Tische und Bänke oder konsumieren Rauschgifte in allen Farben und Formen, während sich die Lehrer ihrerseits im Lehrerzimmer Hochprozentiges aus ihren Flachmännern reinziehen, Mobbing praktizieren und mit Aktien, Optionsscheinen, Immobilien oder Versicherungen handeln. Wenn sich die Damen und Herren Pädagogen überhaupt mal in die Klassenräume schleppen, dann nur, um ihre pädagogische Unfähigkeit zu demonstrieren. Früher brachten sie ihren Schülern wenigstens noch subversive Inhalte und revolutionäre Klosprüche oder wenigstens Mengenlehre bei. Heute gewöhnen sie ihren Schülern allenfalls die Rechtschreibung ab, wenn es ihnen überhaupt gelingt, ihre Stimme über die Kakofonie der randalierenden Anwesenden zu erheben. An den gekonnten Vortrag eines Volksliedes im Musikunterricht ist überhaupt nicht mehr zu denken. Wertvolle Kulturgüter wie das wunderbare »Im Frühtau zu Berge« werden im Dunkel des Vergessens verschwinden. Poesie im Deutschunterricht? Nicht ein einziges Gedicht können die auswendig – die Lehrer. Oder der Mathematikunterricht: das Einmaleins? Bruchrechnung? Geometrie? Gar den Graphen einer Funktion zeichnen? Können Sie vergessen! Wozu gibt es denn Taschenrechner und Computer? Wer weiß denn da heute noch Bescheid? Sie etwa? 7 mal 8? 64! Hätten Sie so schnell nicht gewusst, oder? Aber was will man von Lehrern heutzutage schon erwarten? Kein Leistungswille – nicht mal Klassen oder Zensuren gibt es noch in den ersten Schuljahren! Stattdessen Gutachten mit Wischiwaschi-Formulierungen von der Stange. Dass die Eltern sich mit so etwas zufriedengeben … Also, mir reicht's!

Zwölf Wochen Urlaub und mit 48 auf Rente: Wie Eltern Lehrer sehen

In mancher Hinsicht ist Lehrer ein Beruf, der psychisch schwer belasten und zu unentrinnbaren Krisenzuständen führen kann – das sehen auch die Eltern. Tag für Tag plagen sich Pädagogen mit Fragen und Konflikten, die Übermenschliches von ihnen fordern. Da ist das Problem Ferienfreizeit: Wohin verreise ich diesmal bloß? Mit dem Erotik-Jet nach Bangkok, zum Perlenfischen auf die Malediven? Zum Hip-Hop-Meeting in die Bronx? Nach Tokio Sushi essen, zur Wodka-Sause nach Moskau? Letztes Jahr die Fotosafari im Great Barrier Reef war auch schon ziemlich öde. Warum nicht mal ins Weltall? So mancher möchte

Lehrer zum Mond schießen. Chinesische Raumschiffe bieten da ganz neue Möglichkeiten. Dann stellt sich die Frage: Wohin mit dem fetten Gehalt?

Das Konto und das Wertpapierdepot sind voll, das Finanzamt hat kein Interesse, weil eine Krähe der anderen kein Auge aushackt (das ist so im öffentlichen Dienst), drei brandneue Autos vor der Tür, noch mehr *Schöner Wohnen* geht nicht, und der Gourmettempel hat längst seinen Reiz verloren. Wohin mit den vielen Euros? An die Armen verschenken? Fragen, die Lehrer bis in den Nachtschlaf verfolgen und sie auch nach der Frühpensionierung nicht wirklich loslassen. Sie nicht? Dann sind Sie sicher einer von den armen neuen Angestellten. Beileid!

Pisa reloaded – und dann?

In der Pisa-Studie 2013 belegen Shanghai, Singapur, Hongkong, Korea, Macau und Japan die ersten Plätze in allen Disziplinen. Blamabel? Können das unsere Vorbilder sein? In all diesen Regionen ist die Selbstmordrate auch unter Jugendlichen in den letzten Jahren dramatisch gestiegen. Ob da ein Zusammenhang besteht? Nein, auf keinen Fall, Leistungsstress hat doch jeder gern …

Deutschland hat deutlich aufgeholt – nicht bei der Selbstmordrate, sondern bei den schulischen Leistungen. Dank G8 auch in der Perfektion, den Kindern und Jugendlichen ihre ohnehin völlig überflüssigen Freiräume einzuschränken. Was machen die denn schon, wenn sie nicht für die Schule lernen? Fernsehen, Computerspiele spielen, feiern, miteinander reden. Brauchen wir das? Unser Land liegt in Europa immer noch weit abgeschlagen hinter Liechtenstein, der Schweiz, den Niederlanden, Estland, Finnland, Polen und Belgien. Mehr Einsatz bitte! Was sollen unsere ohnehin schon maßlos motivierten Pädagogen daraus folgern? Dass die statistischen Erhebungen von Sozialwissenschaftlern eine wahre Seuche sind? Dass es nicht an ihnen liegt, sondern vielleicht am völlig durchgeknallten föderalistisch-folkloristischen Schulsystem? Dass unsere Kinder und Jugendlichen noch weniger Zeit für sich und eine weitere Demontage menschlicher Eigenschaften brauchen, bis sie so wahnsinnig gut funktionieren wie die asiatischen Roboter? Dass, egal wie man es macht, es immer irgendjemanden gibt, der genau weiß, wie man es besser macht? Nennt man solche Leute nicht ein wenig abschätzig Oberlehrer?

Lehrer, die haben es geschafft!
Was der Bürger so denkt

Tägliche Arbeitszeit: von 8.00 Uhr bis 13.30 Uhr, also 5 Stunden 30 Minuten, abzüglich 2 × 5 Minuten Pause + 2 × 10 Minuten Pause + 1 × 25 Minuten Pause – macht summa summarum 4 Stunden 35 Minuten tägliche Arbeitszeit, und das höchstens fünf Tage die Woche – wer lebt schon in solch traumhaften Verhältnissen?

Gehalt: so um die 5.000 Euro (= etwa 70 Euro die Stunde) zuzüglich Ortszuschlag, Beamtenvergünstigungen, Beihilfe, Kindergeld zum Sondertarif – jedenfalls viel zu viel. Und Steuern zahlen sie auch nicht richtig, die Beamten, hört man. Urlaub: mehr als 80 Tage im Jahr, zuzüglich Sonn– und Feiertage, eigentlich arbeiten Lehrer also nur jeden zweiten Tag – wenn überhaupt. Ihre Haupttätigkeit ist es, irgendwo im Süden in der

Sonne zu liegen. Deshalb sind Lehrer ja auch immer so braun. Ekelhaft! Privilegien: Verbeamtung auf Lebenszeit, unkündbar, billige Kredite, Dienstwohnung, Baugeld gratis, der Hausmeister als Butler, starke Lobby im Bundestag usw., man weiß ja, wie Lehrer leben. Das reinste Paradies. Bis auf die paar Prozent, die sich in ihrem Beruf psychisch und körperlich aufreiben. Aber die sind vermutlich selbst schuld, vermutlich brauchen die das.

Sadisten, Killer, Menschenfresser: Wie Schüler ihre Lehrer sehen

Lehrer sind das Letzte! Miese, perverse Psychopathen mit nur einem Ziel: Schüler fertigmachen! Sie quälen und foltern arme, hilflose Kinder, vergehen sich regelmäßig in der einen oder anderen Weise an ihnen, wie man ja in der einschlägigen Presse lesen kann, nerven sie mit Hausaufgaben, Zensuren, Klassenarbeiten, Tests und provozieren sie mit perfiden sadistischen Tricks, die die Gruftis schon in ihren links- oder rechtsradikal unterwanderten Kaderschmieden erlernt haben. Manche Lehrer verspeisen sogar jeden Morgen, da ist ein echter Schüler sich sicher, zum Frühstück einen Erstklässler. Lehrer bevorzugen immer die miesen, dämlichen Arschkriecher (nicht zum Frühstück – im Unterricht!) und lassen die kommenden Einsteins, aufstrebenden Superstars, die geborenen SAT1-Moderatoren, visionären Computergurus und andere Genies schon aus Konkurrenzneid (AUFHEUL! KLAG!) intellektuell verhungern. Kaum zeigt ein Schüler geniale Züge – zum Beispiel ein völlig unleserlich geführtes Heft oder eine gewisse Unregelmäßigkeit in den Zeiten seines Schulbesuchs –, hat er schon das ganze Kollegium gegen sich. GNADENLOS!

Sie selbst weiden sich natürlich an unseren Schmerzen und Leiden und ziehen sich daran hoch, die perversen Sadisten! Ein Glück, dass wir in diesem scheinbar aussichtslosen Kampf unsere Eltern auf unsere Seite ziehen können.

So nicht, Herr Lehrer!
Einlassungen eines objektiven Vaters

»Erst letzte Woche, da hat der Fritsche unseren Sven-Ole wieder in der Mache gehabt. Einen netten kleinen Scherz hat unser Sven-Ole machen wollen, der ist ja immer so lustig. In die Aktentasche hat er dem Fritsche gepinkelt, in die Aktentasche, ist das nicht köstlich? Hahaha! Und was macht der Fritsche, der humorlose Holzkopf? Geht zum Direktor, der Denunziant! Statt die Sache pädagogisch zu regeln. So geht das aber nicht, mein lieber Sven-Ole, hätte er sagen können, das darf aber nicht noch einmal vorkommen, mein Lieber! Spaß muss sein, aber lass dir doch einmal etwas Neues einfallen, mein Goldjunge! So hätte das ein wirklicher Pädagoge geregelt, aber was tut der Kerl? Geht zum Direktor! Ich sage Ihnen, dem hab ich was erzählt! Ein Vorbild soll ein Lehrer sein, gelassen und heiter die Unbill und Last der Erziehertätigkeit tragen, immer ein freundliches Wort auf den Lippen! Ich könnte ihn mal, hat er gesagt, der respektlose Grünschnabel! Dass auch ein Vater ein Vorbild sein solle, hat er mich zu belehren versucht, der grüne Junge! ER, MICH BE-LEHREN! Von wem der Teufelsbraten das denn wohl habe, hat er mich gefragt. Woher soll ich das wissen? Habe ich jahrelang dem Steuerzahler als Student auf der Tasche gelegen oder er? Ich sage Ihnen, dem hab ich 'ne Stange Wasser in die Aktentasche gestellt! Au Mann, ein Ding, das sage ich Ihnen! Er hatte sie unvorsichtigerweise auf dem Flur stehen lassen, und da habe ich …! Dem hab ich's gegeben! Aber so ist unsere Familie – lustig waren wir schon immer! Schon mein Vater hat beim Kommiss seinem Spieß immer in die Stiefel … Und eine Dienstaufsichtsbeschwerde häng' ich ihm auch noch an den Hals! Wäre ja noch schöner, wenn so ein ungehobelter Klotz meinen Sohn erziehen würde! Meinen Sohn!«

SURVIVAL-TIPP: FORTBILDUNG

So sehen sich Lehrer: Märtyrer, die ihr wertvolles Leben für die gute Sache opfern, wohl wissend, dass sie nur wenig ausrichten können, nur ein winziger Tropfen Weisheit im Ozean der Dummheit sind, sie, die Heilsbringer der Menschheit, die gegen Tausende von Feinden ihre rettende Botschaft in Stellung bringen. Mehr noch: Im Dschungel der Ignoranz und Unwissenheit ist der Lehrerstand leuchtendes Vorbild, ständig bemüht, durch Fortbildung das eigene Wissen zu erweitern. Die folgenden Fortbildungen sind unerlässlich, um den Schulalltag zu überstehen:

Unterrichtssprache 1: Ghetto-Deutsch

Es gibt Klassen, in denen der Lehrer zu der 10-Prozent-Minderheit gehört, welche sich der (korrekten) deutschen Sprache befleißigt. Der 90-Prozent-Rest spricht Ghetto-Deutsch, auch Kanak oder Kiez-Deutsch genannt, ursprünglich geschaffen von zweisprachig aufgewachsenen, oft türkischstämmigen Jugendlichen der zweiten oder dritten Migrantengeneration, mittlerweile aber von zahllosen anderen Ethnien beeinflusst – eine Sprache voller Saft und Kraft und dazu auch noch mit lokalen Spezialbegriffen und Grammatikvarianten. Eigentlich ist es an der Zeit, ein entsprechendes Studienfach einzurichten, denn der durchschnittliche Pädagoge beherrscht das Idiom nicht einmal in Ansätzen. Er weiß zum Beispiel nicht, dass das Wörtchen »dem« der einzige, in voller Breite verwendete Artikel ist. »Wem ist dem schlaueste in dem Klasse?« Keine Frage, dem, dem diese Sprache am konsequentesten praktiziert. Man geht schließlich nicht in die Schule, um zu lernen, sondern »um 1 krassen Kick von Bildung her« zu bekommen. Weitere Grundbegriffe, die jeder Lehrer kennen sollte: Klassenkameraden heißen »Spast«, »Digga« oder »Alda«, Klassenkameradinnen nennt man »Bitch«. Und der Klassenlehrer? Das ist der »scheiß alter Typ«.

Und was, wenn man kein einziges Wort Ghetto-Deutsch beherrscht? Wie immer hilft nur Weiterbildung: a) die nächsten Ferien in einem entsprechenden Stadtteil verbringen und/oder b) ein paar Videos einer Crew von 13- bis 19-Jährigen auf YouTube anschauen und c) seinen eigenen hochdeutschen Wortschatz bewusst auf ein Minimum reduzieren. Und ab sofort alles so schreiben, wie man es ausspricht. Nur falscher.

Unterrichtssprache 2: Kraftdeutsch

Es gehört in unseren Tagen zu den besonderen Ehrungen für einen Pädagogen, wenn er von seinen Schülern mit dem Titel »Du perverses Schwein« angesprochen wird, und die Klassenlehrerin kriegt vor Freude feuchte Augen, wenn sie wieder einmal mit dem munteren Ausruf »Du alte Fotze« begrüßt wird. ›Handelt es sich dabei um eine Bedeutungsverschiebung in der Sprache?‹, fragt sich auch der Deutschlehrer, denn der bisher übliche, höfliche Umgangston scheint in manchen Schulen zumindest unter den Schülern ausgestorben zu sein. Und richtig, wer die Schülerschaft untereinander belauscht, wird feststellen, dass es zu den Freundlichkeiten gehört, wenn man sich mit »Loser« oder »Mongo« tituliert. Der einzige Ausweg für den modernen Pädagogen: selber einen Kurs Kraftdeutsch belegen! Eine Unterrichtsstunde könnte dann beginnen: »Was für ein verschissener Morgen, ihr bescheuerten Arschlöcher seid auch schon wieder da! Manni, du verfickter Assi, schlepp dich gefälligst an die bepisste Tafel und …«

Allzeit bereit! Die obligatorische Nahkampfausbildung

Neben dem 50-Meter-Lauf auf dem Sportfest und dem Dauerlauf zur Ertüchtigung im Sportunterricht ist übermäßige Gewaltanwendung gegen alles und jeden eine beliebte Sportart an deutschen Schulen geworden. Leider haben Lehrer der hartnäckigen Ausübung dieser Tätigkeit durch die Schüler meist nicht viel entgegenzusetzen. Es wäre also im Sinne eines allgemeinen Schulfriedens sinnvoll, schusssichere (Sieht das Wort nicht idiotisch aus?) Westen an alle Schüler auszugeben und, wie in den USA mittlerweile vielerorts üblich, die Ausbildung an der Waffe zum Inhalt der Lehrerausbildung zu machen. Jeder Pädagogikstudent könnte ein 18-monatiges Praktikum bei der Bundeswehr ableisten und jeder gestandene Lehrer sollte nachträglich eine Nahkampfausbildung beim Bund absolvieren. Außerdem wäre an vielen Schulen eine wöchentliche Wehrübung für das Schulpersonal förderlich für die Sicherheit. Neben der schusssicheren

Weste sollten Lehrer im Unterricht eine Kalaschnikow oder eine ähnlich effektive Waffe bei sich führen, was Disziplinprobleme im Unterricht im Keim ersticken könnte. Der Hausmeister könnte mit einem leichten Schützenpanzer Typ »Puma« mühelos die Sicherung des Schulhofes übernehmen. Im Notfall – zum Beispiel beim Angriff durch eine gut organisierte Schülerkampftruppe – könnte eine Elternwehr gerufen werden, die in Bereitschaft zu halten wäre.

Für den Fall, dass die Kampfhandlungen länger andauern, sollten innerhalb des Schulgebäudes Vorräte an Proviant und Munition angelegt werden, welche der Hausmeister verwaltet. Vielleicht wäre es überhaupt sinnvoll, die Schulämter direkt mit den Kreiswehrersatzämtern zusammenzuschließen und in der Grundschule mit einer soldatischen Ausbildung zu beginnen. Natürlich spielerisch.

Oder alle Beteiligten entscheiden sich zur einzig richtigen Gegenmaßnahme: Deeskalation. Mal wieder den Verstand einschalten und friedlich miteinander umgehen. Aber damit ist wohl nicht zu rechnen.

Noch ein lustiges Rollenbild: Der Lehrer als Entertainer

Jeder Lehrer weiß, dass er tagtäglich mit der Unterhaltungsbranche in Konkurrenz steht. In massivem Wettbewerb mit Rundfunk, Fernsehen, Video-on-Demand, Computer, DVD, Blu-Ray, Gameboy, Playstation und Smartphone ist er ein Einzelkämpfer gegen alle existierenden Medien- und Freizeitangebote. Lehrer buhlen um das winzige bisschen Aufmerksamkeit und Konzentrationsfähigkeit, zu dem junge Leute heute noch fähig sind. Sie stehen in Konkurrenz zu Memes im Internet auf 9gag.com, *The Big Bang Theory*, *How I Met Your Mother*, *Benjamin Blümchen*, den Ärzten und den Toten Hosen, Castingshows, endlosen Gesangswettbewerben, Bart Simpson und *SpongeBob Schwammkopf* und … weiteren Legionen von täglich neu auftrumpfenden Medienhelden, -wesen und -unwesen. Trotz dieser Übermacht versuchen unerschrockene Lehrer und Lehrerinnen jeden Vormittag wieder, ihren Schülern etwas zu vermitteln.

Aber meist geht nichts: Ein paar Comics oder Mangas zusätzlich zum täglichen Pensum Fernsehen, puff! Weg ist sie, die verbliebene Restenergie, und in der Schule läuft gar nichts mehr. Nicht für die Schule, für die Medien leben wir! Wenn der Lehrer nicht ein methodisches Feuerwerk abbrennt, hier ein Kaninchen aus dem Hut zaubert, dort einen Special Effect abfackelt, dann ist er verratzt. Sprüche wie: »Lass mal stecken, Alter, Mathe bringt uns nicht mehr drauf!« sind alltäglich. Deshalb ist die Standardfrage des Lehrers an sich selbst in der Unterrichtsvorbereitung: »Was mach ich bloß morgen, was mach ich bloß in der dritten Stunde?« Es ist nicht so lustig, im Rampenlicht zu stehen, wenn der Applaus ausbleibt.

SURVIVAL-TIPP: SCHULFORMEN

Sicher, das Lehrerleben kann ganz lustig sein, wenn die Schule zum Lehrer passt. Sonst geht nichts. Zum Glück ist für jeden Lehrer etwas dabei …

Gessu auch Sondaschule? Null Stress!

Sie trägt viele Namen, Schule für Lernbehinderte, Förderschule, Sonderschule, Schule mit sonderpädagogischem Förderschwerpunkt, und diese Schulform ist der Traum für stille Genießer und Traumtänzer unter den Pädagogen. Kleine Klassen, Leistungsstress ade – wozu sich anstrengen, die Schüler sind doch eh alle … na ja, durch das Sieb gefallen.

So sieht er dann auch aus, der Schulalltag in der Sonderschule: Mit ein paar lieben, etwas zurückgebliebenen Hilfsschülern lustige Kleinkinderspiele spielen, pädagogische Wärme verströmen, aufpassen, dass keines der lieben, kleinen Puschelbärchen sich mit der ohnehin stumpfen Schere in den Finger pikst … So jedenfalls sieht das von außen aus. Irgendwas wird schon dran sein.

Die Grundschule: Tausend kreischende Monster

Schon anspruchsvoller: Die Klassen 1 bis 4 – das ist schon eher etwas für den agilen Animator, der selbst enorme psychische und physische Energien entladen muss. Für diesen Lehrertyp ist die Grundschule einfach der Traumjob. Jeden Tag mit 25 bis 35 hyperaktiven, schreienden, herumhüpfenden Zappelzwergen auf die Sahne hauen dürfen, herumbrüllen, sich die Haare raufen, mit der Faust auf den Tisch schlagen, Dressurübungen abziehen, kratzende, beißende, kreischende Zwergungeheuer im Zweikampf trennen, falsch gepolte Energiebündel zur Räson bringen, die ihre Batterien jeden Tag zu Hause vor Vatis Horror-Videosammlung neu aufladen – das war es doch, wovon Sie während Ihrer Lehrerausbildung immer geträumt haben, oder? Und das Beste: Sie dürfen ihnen sogar noch das Lesen, Schreiben und Rechnen beibringen! Ist das nicht prima?

Die Hauptschule: Das Haus der pubertierenden Zombies

Den Reiz dieser Schulform zu ergründen scheint zunächst nicht einfach. Mit 25 dumpf in der Vollpubertät brütenden jungen Restmenschen, die in den übrigen Schulformen keine angemessenen Entfaltungsmöglichkeiten finden durften und bei denen sich auch sonst voraussichtlich nichts mehr entfalten wird, in einem Klassenraum – und das sechs Stunden am Tag – erscheint auf den ersten Blick wenig ermunternd. Wären da nicht die völlig überraschenden Ausbrüche, das Aufblitzen einer Genialität, die menschliche Wesen wohl nur in dieser Phase ihrer Entwicklung an den Tag legen: Plötzlich und ohne jeden erkennbaren Grund reißt Pascal seinem Banknachbarn Kevin die Perücke vom Kopf – nur: Die Perücke ist keine Perücke. Welch freudiges Leuchten huscht über das Gesicht ihrer Lehrerin, wenn Dolores tief in den Ganglien ihres verschachtelten Hirns den unerklärlich schönen Zahlenreihen des Großen Einmaleins nachspürt – und fündig wird! Sechs mal dreizehn ist neunundsechzig! Und dazu darf der Hauptschulpädagoge noch den Kampf der Systeme hautnah erleben, die ewige Schlacht zwischen Ost und West, Orient und Okzident, Muselman und Kreuzritter – verkörpert durch Murat und Justin, die sich in jeder großen Pause mit schöner Regelmäßigkeit die Fresse polieren …

Die Realschule: Mittelmaß, Mittelmaß!

Wie geht man als Lehrer mit dem Gefühl um, so gerade eben den Aufstieg in die höchste aller Schulformen verpasst zu haben? Nun, auch das Mittelmaß hat seine Vorteile: In der Realschule genießen Lehrer und Erzieher fast all die einfachen Freuden der Hauptschule – ohne jedoch auf den intellektuellen Esprit des Gymnasiums gänzlich verzichten zu müssen. Hier findet sich der derb-deftige Mobbingscherz neben feinsinniger Anspielung, das Furzkissen oder deutlich Fäkaleres auf dem Lehrerstuhl und der stilvolle, perfekt formulierte anonyme Brief an die Gattin des Klassenlehrers, selbiger habe was mit der frühreifen Lolita Gaggenbichler aus der Neunten. Ein erfülltes und an Handlung reiches Leben ist in dieser Schulform jedem Lehrer sicher.

Das Gymnasium: High Potentials?

Wenn Sie bessere Gesellschaft schätzen, sind Sie hier richtig. Komplexes Denken ist gefordert, feinsinniges Abwägen, gebildete Wertschätzung, der geistige Dialog von Mensch zu Mensch. Schließlich geht es ja in der besten aller Schulformen um eines der bedeutendsten Ziele menschlichen Strebens: den NC, auch Numerus clausus genannt, der heilige Notendurchschnitt. Auch tief greifende philosophische Fragen sind der Motor jugendlichen Handelns: Wie komme ich schnell an einen Studienplatz, eine Zahnarztpraxis und einen Porsche, wie Vati ihn hat? Wie bringe ich meine Karriere auf den Weg, damit ich die Schafsnasen, die mit mir in eine Klasse gehen, nie wieder zu Gesicht bekomme? Wie schocke ich später meine Nachbarn mit dem Neubau einer Hammer-Villa? Mit derart hoch motivierten Schülern lässt sich arbeiten.

Die Gesamtschule: Engagierte Kollegen? Psycho-Horror pur?

Wenn Sie den kühlen Charme neuzeitlicher Vorstädte und das brodelnde Leben sozialer Brennpunkte brauchen, gern vor lauter Überarbeitung die Grätsche machen, in Ihrem Beruf so richtig schön ausbrennen wollen, persönliche Krisen gern in aller Öffentlichkeit austragen, vier bis fünf Arbeitssitzungen am Tag neben dem Unterricht durchstehen und täglich mit dem Breakdown auf Du und Du leben wollen, die Anonymität endloser Schulhöfe und Flure lieben, gelegentliche, derbe Händel mit Hausmeistern und Putzfrauen zu schätzen wissen, im Intrigenspiel um Posten und

Pöstchen mitmischen, Fraktionskämpfe zu Ihrem Lebensinhalt machen wollen, Ihre Ehe gern auf der Kippe sehen und für dies alles auch noch von Eltern, Politikern und Medien beschimpft, von Schülern und Schülerinnen mit Desinteresse oder schönschaurigen Katastrophensituationen überrascht werden wollen – dann sind Sie in der Gesamtschule richtig. Der pure Horror auf allen Ebenen – jetzt wissen Sie vermutlich auch, warum sie integrierte Gesamtschule genannt wird.

SURVIVAL-TIPP: LEHRERZIMMER

Während sich hinten links die Spät-68er Fraktion ein Haschpfeifchen reinzieht, sitzen die Börsenspekulanten am Rechner und verzocken auf irgendeinem Börsenportal ihre Pension in der neuesten Blase. Eine andere Gruppe befasst sich mit dem pädagogischen Standardthema – Bauen, Umbauen, Ausbauen, erweitert um das Fachgebiet Garten. In wessen Teich paddeln die schönsten Kois? Wer hat den schönsten Wintergarten und wie kann er noch schöner werden? Oder man klärt Kernfragen der Didaktik: Carport oder Garage? Waschbeton oder Naturstein? Solarbeleuchtung oder elektrischer Strom? Währenddessen korrigieren Anfänger – soeben eingestellte Kollegen – noch Klassenarbeiten, ein Verhalten, das der Profi im Lehrerzimmer niemals an den Tag legen würde. Frau Mitsch-Dulzinger und Herr Bronzenbach streiten sich um die Randpflanzung der Zufahrt zur Hausmeisterwohnung, eine Frage, die dringend geklärt werden muss. Herr Dr. Krötz sitzt über dem Plan für die Pausenaufsicht, den er seit vier Jahren führt, weil er dann keine Pausenaufsicht machen muss. Frau Inzinger fehlt. Sie legt in der Biologiesammlung irgendetwas in Alkohol ein, vermutlich sich selbst. Doch die Uhr tickt – und das schrille Klingeln der Pausenglocke beendet das Idyll.

Die lieben Kollegen

Sie sind noch unsicher, fragen sich, ob Sie sich all diesen Herausforderungen stellen können? Keine Angst, Sie sind nicht allein. Denn gleichgültig, für welche Schulform Sie sich als werdender Lehrer entscheiden: Die hilfreichsten Kräfte sind dem Pädagogen seine zahlreichen Superkollegen, die Ober-, Über- und Hochpräzisionslehrer. Dass einem ein solches Heer von Helfern in der Schule quasi den Himmel auf Erden bereitet, liegt auf der Hand ...

Die Sache mit der Hackordnung: Pädagogische Rangfolgekämpfe

Wenn Sie glauben, es bei Ihren Lehrerkollegen mit intelligenten Menschen zu tun zu haben, so ist diese Einschätzung nur bedingt richtig. Keineswegs intelligent verhalten sie sich nämlich, wenn Neulinge zu ihnen stoßen. Da geht es zu wie auf dem Hühnerhof – zuerst muss die Hackordnung festgelegt werden, später schalten wir wieder den Verstand ein. Da, jetzt setzt sich die Neue zur großen Pause einfach auf den Stuhl von der Wonneberger. Zack, kriegt sie schon ihr Fett weg:

»Ich möchte ja nicht unhöflich sein, Frau Kollegin, aber hier sitze ich seit 1978!«

Aha, deshalb der breite Arsch.

»Oh, so lange schon ... äh, ich wollte nicht ...«

»Ja, ja, ist ja schon gut. Ich meine nur, Ordnung muss Ordnung bleiben.«

Noch schlimmer ist der Kampf um Rang und Namen unter männlichen Machoerziehern alten Schlages, der ja in letzter Zeit wieder in Mode kommt. Schwul darf der Lehrer jetzt zwar sein, aber nicht schlaff, und Machos stehen erwiesenermaßen immer unter Spannung, Zwischentöne sind ihnen fremd: Er oder ich! Da geht es nicht um ein Sich-Einordnen in ein bestehendes Gefüge, sondern um Sein oder Nichtsein. Zwei karriergeile Vollgas-Pestalozzis an einer Schule – das ist zu viel! Es kann nur einen geben! Da sich aber Lehrer nicht mittels Geweih oder durch besonders intensives Brunftgeheul als stärker oder schwächer klassifizieren können, nimmt der Kampf zweier Platzhirsche schnell kuriose Formen an. So kann kein Vorschlag, schon gar kein Antrag des einen in der Schulkonferenz vor dem anderen bestehen. Sie liegen aus Prinzip im Clinch, beurlauben ihren gesunden Menschenverstand, prügeln sich verbal darum, ob der Schulhof in Rauten oder Rosetten gepflastert werden soll und verhindern durch ihr unqualifiziertes Gelaber, dass überhaupt etwas geschieht. Sie denunzieren den ihnen verhassten Kontrahenten beim Schulrat, hängen ihm wilde Gerüchte über Liebesnächte im geliehenen Wohnmobil an oder sorgen mit äußerst geschickten strategischen Winkelzügen dafür, dass der Erzfeind sonntagmorgens vollkommen betrunken im Vorgarten der erzbischöflichen Residenz gefunden wird – vom Dezernenten des örtlichen Schulaufsichtsamtes. Der Kampf hat erst ein Ende, wenn einer von beiden nervlich zerrüttet um Versetzung bittet oder, von Seelenqualen gepeinigt, wegen Magengeschwüren oder Depressionen frühpensioniert wird.

Mit dem siegreichen Gegner geschieht dann meist eine seltsame Verwandlung: Nach anfänglicher Euphorie über seinen Triumph verliert er plötzlich den Spaß an seinem Beruf, schleppt sich matt und lustlos durch die Schule, seines Lebensinhaltes beraubt, und fällt schließlich wie ein nasser Sack in sich zusammen.

SURVIVAL-TIPP: ALLTAGSKRISEN

Wenn der ganz große Kampf um den Platz im gewachsenen Gefüge der Anstalt ausgestanden ist, beginnt der schulische Alltag – Zeit, sich auf die faule Haut zu legen. Hinderlich sind dabei die immer wieder auftretenden Krisensituationen, die der bewusste Pädagoge aber mit etwas Routine schnell in den Griff bekommt:

Hab ich jetzt alles? Der 7.30-Uhr-Check

Die Seele der Pädagogik ist die konkrete Erfahrung im Umgang mit Materialien. Nein, wir meinen jetzt eigentlich keine Unterrichtsmaterialien, die gibt es ja in jeder Schule zuhauf. Wesentlich wichtiger sind die Dinge, die ein Lehrer oder eine Lehrerin zum täglichen Überleben in der Schule braucht. Fachleute benutzen eine Checkliste, die sie jeden Morgen um 7.30 Uhr mit einem Helfer durchgehen und abhaken:

- Flaschenöffner für das Bier aus dem Kasten, den Sie im Physiksaal hinter dem Wellenmodell nach Huygens versteckt haben

- Beruhigungsmittel, falls Kollegin Senfft wieder einmal ausflippt
- Papiertaschentücher, falls Ihnen im Verlauf des Mathematikunterrichts das Heulen kommt
- Flachmann, falls Sie unvorhergesehener Weise eine Pausenaufsicht übernehmen müssen (Bibber!!) oder der Schulrat Sie überraschend besucht
- Tageszeitung für die Pausen
- den Film *Schwarze Ninja greifen an* oder unterhaltsamere nackte Tatsachen auf dem Smartphone für die Aufsicht während der Tests
- Knoblauch, falls sich herausstellt, dass der Hausmeister doch ein Vampir ist
- Heftpflaster, falls einer Amok läuft
- Knebel, Handschellen, falls bei einem hyperaktiven Schüler Bitten um Ruhe nicht helfen
- eine Sprühdose »Chemische Keule«, um Ihren pädagogischen Bemühungen Nachdruck zu verleihen
- Sonnenbrille, um während der Konferenz unter Vorschützung einer Bindehautentzündung ungestört schlafen zu können
- ausreichend Bargeld, falls Ihnen einer Ihrer völlig überschuldeten Kollegen ein günstiges Angebot für seinen Wagen macht, den Sie schon immer haben wollten
- Ohropax, falls der Rektor während der Schulkonferenz wieder zu monologisieren beginnt

Am besten kopieren Sie sich Ihre Checkliste in ausreichender Anzahl zum Abhaken für die nächsten Tage, bis Sie alles auswendig können. Dann fehlt Ihnen garantiert nichts mehr.

Niki Laudas Kollegen:
Das tägliche Rennen gegen die Uhr

Das an sich von Action erfüllte und an Nervenkitzel reiche Leben des Pädagogen erreicht einen seiner Höhepunkte, wenn a) er 30 bis 40 Kilometer von der Schule entfernt wohnt, b) die Uhr auf etwa 7.45 Uhr vorgerückt ist und c) er ein Auto für den Weg zur Schule benutzen muss.

Dies ist die Wirklichkeit für eine zunehmende Anzahl von Pädagogen, denn wer möchte schon mitten in der Hölle wohnen – unter Eltern und Kindern? Dann lieber jeden Morgen Stress auf der Straße, denn eine Verspätung kommt nicht (schon wieder) infrage. Also: Gas geben. Sagen wir einmal 35 Kilometer in 15 Minuten, das macht einen Stundenschnitt von 140 km/h. Der Ablauf dieses Spitzenereignisses des Straßenrennsports sieht so aus:

7.45 Uhr – Die Tasche fliegt auf den Rücksitz, der Fahrer Jens Gottlieb Olischewski fügt sich nahtlos in seinen Recaro, ein Rallye-Profi hinterm Lenkrad. Die Verschlüsse der Hosenträgergurte klicken, orgelnder Anlasser. Nichts. Der Pädagoge hechtet aus dem Fahrzeug, wirft sich vor der Motorhaube auf den Rücken, robbt unter seinen und vollführt einen gekonnten Kick mit der Fußspitze gegen den Magnetschalter. Den findet Jens Gottlieb Olischewski auch mit vom Restalkohol getrübtem Blick. Pure Routine. Zurück ins Fahrzeug, Orgeln, widerwilliges Aufröhren des frostkalten Triebwerks (es ist bereits das dritte).

7.48 Uhr – Ohne Gnade peitscht Jens Gottlieb Olischewski den Motor auf hohe Drehzahlen, das elektronische Motormanagement fliegt zum Auspuff raus, Schmutz spritzt auf und gegen die Panoramascheiben der Lehrervilla, die in den beißenden Schwaden der Abgase zurückbleibt.

7.49 Uhr – Die Bauer-Hartmann-Kurve (benannt nach dem Nachbarn, den Jens Gottlieb Olischewski 2005 hier zu den Engeln schickte) nimmt er mit 145 km/h, angelt dabei nach dem Sandwich in der Tüte auf dem Rücksitz und wirft zudem einen abschließenden Blick auf sein Smartphone. Er muss noch etwas im Internet recherchieren, denn schließlich will er ja nicht unvorbereitet zum Unterricht erscheinen. J.G.O. surft und frühstückt gleichzeitig, die Tachonadel tanzt auf der 190er-Marke, der Gasfuß verformt das Bodenblech. Ohne ESP hätte er bereits in der ersten Kurve den Abgang gemacht. Die lange Gerade vor der Molkerei, danach Gas-Bremse-Hacke-Spitze durch die S-Kurve am Kindergarten. Aufkreischende Kinder hechten in den Straßengraben, J.G.O. grüßt die Erzieherin, die voller Verständnis für seine Lage mit den Kindern schimpft.

7.53 Uhr – Überholmanöver vor der Kornbrennerei Schlichting. Ein überschwerer Tanklastzug versperrt J.G.O. den Weg, der Schulbus nach Neustadt kommt ihm entgegen. J.G.O. riskiert alles, reißt den Wagen auf die Gegenfahrbahn – zu knapp. Der Schulbus weicht aus, stürzt in den Feuerlöschteich gegenüber der Kornbrennerei. Macht nichts, die Kinder wollten eh zum Schwimmen ins Hallenbad. Höheres steht auf dem Spiel, J.G.O. muss um Punkt acht in der Schule sein. Das ist er seinen dreiunddreißig Schülern als Klassenlehrer schließlich schuldig!

7.55 Uhr – Die Steigung am Klosterberg – endlose Sekunden sinkt die Tachonadel. J.G.O. ergänzt, das Lenkrad zwischen die Knie geklemmt, die Eintragungen im Klassenbuch. Drei oder vier Gänse und irgendetwas Schwarz-Weißes mit zwei Beinen (gibt es hier Pinguine?) finden ein vorzeitiges Ende, so genau kann J.G.O. das nicht erkennen bei dem Tempo. Jedenfalls sieht er viele Federn vor der Motorhaube. Und einen Rosenkranz. Dann die Kuppe. Meterhoch schießt das Fahrzeug durch die Luft, die Räder drehen durch, der Motor heult wie eine Turbine, und unten im Tal sieht J.G.O. das Ziel: die Schule! Hart setzt der Wagen wieder auf, der Geruch der verbrennenden Rennreifen beißt in den Augen, aber J.G.O. korrigiert weiter die Klassenarbeiten. Er kennt ja die Strecke. Die Spitzkehre vor dem Krankenhaus nimmt er im Powerslide, schaltet den Nitro-Nachbrenner ein. Schwarzer Rauch quillt aus den Endrohren, Technik stöhnt auf, die 220er-Marke ist überschritten. Freundlich grüßt J.G.O., soweit das Tempo dies zulässt, seinen Stammtischbruder Hauptwachtmeister Einseifer, der die Radarfalle am Ortseingang betreibt (die merkwürdigerweise jeden Morgen eine Betriebsstörung hat).

7.57 Uhr – J.G.O. schleudert kurz durch die Fußgängerzone vor der Kirche, wo einige Rentner mit einer Stoppuhr seine heutige Zeit registrieren, nietet zwei oder drei Blumenkübel um, walzt vor dem Altenheim drei Rollatoren platt und biegt dann, den Blick noch immer fest auf der letzten Klassenarbeit, in den Schulhof ein. Schüler schlagen dumpf auf der Motorhaube auf, aber das stört nicht weiter. Davon gibt es hier noch Hunderte. Schäden am Wagen? J.G.O. hat vorausschauend die mit Holmen verstärkte Edelstahlversion für den schweren Rallye-Einsatz gewählt.

7.58 Uhr – Im Schlaf findet er seine Parkbucht, verstaut die Arbeitsunterlagen in der Aktentasche, grüßt natürlich freundlich den Hausmeister und schreitet in der Gewissheit, eine sportlich-pädagogische Meisterleistung vollbracht zu haben, ins Schulgebäude.

Das Heilmittel gegen Psycho-Stress: Viele, viele bunte Pillen ...

Bei aller professionellen Heiterkeit: Die Wirklichkeit ist für manchen Pädagogen ungefiltert einfach zu hart. Kafkaeske Schulbauten mit endlosen, verwinkelten Fluren, bärbeißige oder gefährlich-servile Hausmeister wie der in *Scrubs*, infernalisch dröhnende Klassenszenarien, die mittelalterlichen Höllenfantasien eines Hieronymus Bosch in nichts nachstehen, und scharf einschneidende Schülerorgane im höchsten Diskant, die unmenschliche Qualen verursachen, bis sie letztlich den Hörnerv selbst endgültig zerteilen und nur noch dumpfes Wummern zurücklassen – das ertragen nur psychisch gefestigte Persönlichkeiten, also solche, die davon überhaupt nichts bemerken. Von der Natur für den Beruf Lehrer prädestinierte Menschen tragen einen seelischen Panzer mit sich herum, an dem diese Grausamkeiten einfach abprallen. Geborene Lehrer schalten ihre Ohren auf Durchzug, wenn sie die Schule betreten, lassen den aufgebrachten Hausmeister kalt abblitzen, begegnen ihrem Vorgesetzten mit sardonischem Grinsen und zeigen überhaupt keine Wirkung, wenn andere bereits überlegen, ob sie einen Nervenzusammenbruch einem Herzinfarkt vorziehen sollten. Aber geborene Lehrer sind selten, etwa so selten wie fünfblättriger Klee.

Die übrigen quälen sich, schwitzen Blut und Wasser, wälzen sich nachts in Albträumen, entdecken vielseitige Symptome von Herzstechen und Pulsrasen bis zum markigen Eingeweideschmerz an ihrem Körper, stolpern von einer Erkrankung in die andere, nur um nicht in die Schule zu müssen, und gehen schließlich zum Arzt. Der schließt messerscharf, dass er einen von wüstem Psychostress gebeutelten Lehrer vor sich hat. Gut, der Mediziner hat ein Einsehen und schreibt den geplagten Erzieher für ein, zwei Wochen krank.

Aber nachdem diese Zeit verstrichen ist, hat sich in der Schule natürlich nichts gebessert. Nun bekommt der Patient drei bis vier Wochen Schonzeit, die eben aufgezählten Symptome klingen ab, aber nur, um einem neuen Katalog von Krankheitsanzeichen Platz zu machen: Jetzt ist der Schuldienstler von Schuldgefühlen gegenüber dem großen Ganzen zerfressen, er kann doch nicht auf Kosten des Steuerzahlers … schließlich laufen seine Dienstbezüge ja weiter, und eigentlich krank ist er ja auch nicht, Typhus oder Krebs hat er nicht, und ob er nicht doch wieder unterrichten sollte … Der Albtraum beginnt von vorn und durchläuft alle bereits geschilderten Stadien, bis der Patient wieder beim Arzt landet. Statt zur einzig richtigen Therapie zu raten – Berufswechsel –, schließt der Mediziner nun, dass er zu härteren Mitteln greifen muss, um dem Lehrer einen erträglichen Berufsalltag zu verschaffen. Der Patient erhält ein Medikament: LABRIUM FORTE oder PANGLOROLOXOL oder das bewährte DUMPHOBRAN.

Am nächsten Morgen schluckt er brav seine Pille und, oh Wunder, alles sieht ganz anders aus! Helle, lichtdurchflutete Hallen, helle Kinderstimmen läuten wie silberne Glöckchen, niedlich! Warm lächelt der Hausmeister, voller Freundschaft die Kollegen, die lustigen Streiche der Schüler, oh, auf einen nassen Schwamm gesetzt, originell, wirklich originell – und die Ruhe, diese unglaubliche innere Ruhe!

Der nächste Besuch beim Arzt. Wirklich ein fantastisches Medikament haben Sie mir da verschrieben, Herr Doktor, ist denn das wirklich völlig ungefährlich? Viele meiner Kollegen nehmen es auch? Ach so. Na dann … Richtig, die Schulte-Frosing, die hatte auch dieses weiße Döschen mit der blauen Schrift. Ob Sie es mir noch einmal verschreiben könnten? Nein, nicht wieder nur zwanzig Stück, lieber gleich die Anstaltspackung, ich nehme jetzt morgens immer zwei, wissen Sie, weil ich mittags noch den Förderunterricht …

Unsere Fahne flattert uns voran: Blau im Unterricht

Drogen im Beruf? Nein, das kommt nicht infrage! Oder Alkohol? Niemals! Wo kämen wir denn hin, wenn der Schulbusfahrer sich morgens blau hinter das Steuer setzen würde oder auch nur mit Restalkohol – nicht auszudenken bei dem Verkehr! Oder wenn ein Richter im Tran richten würde! Undenkbar. Oder ein Schmied angetüdert schmiedete. Er könnte sich ja aus Versehen mit dem dicken Hammer auf den kleinen Finger hauen! Was dann? Und Lehrer? Nein, die können natürlich auch nicht blau zum Unterricht erscheinen. Alkohol in der Schule? Auf keinen Fall!

Ein bisschen Restalkohol, nun ja, man hat ja schließlich nicht gerade Präzisionsarbeit zu leisten, da kann man schon mal ein Auge zudrücken. Und gegen ein Gläschen für die Gesundheit morgens zum Frühstück ist sicher auch nichts einzuwenden. Schließlich steht ja Frühstückskorn auf der Flasche, nicht?

Das soll jetzt aber nicht heißen, dass Lehrer besoffen unterrichten dürfen. Das geht natürlich nicht! Ach Gott, ja, so mancher Kollege hat morgens einfach einen unangenehmen Geschmack im Mund, und so als Mundwasser … Oder er hat gar Mundgeruch. Das kann er seinen Kollegen und schließlich auch seinen

Schülern so nicht zumuten. Also greift er schon einmal zu etwas Aromatischem nach dem Frühstück. Und erst der Kreislauf! Mancher Kollegin wird es schon nach der zweiten Stunde schwarz vor Augen. R-a-b-e-n-s-c-h-w-a-r-z, sage ich Ihnen! Da braucht sie einfach etwas Aufbauendes, einen stärkenden Trunk. Nicht zu vergessen die Kälte auf dem Schulhof während der Pausenaufsicht! Das geht durch Mark und Bein! Ohne etwas Wärmendes läge der Kollege schon am nächsten Tage krank im Bett. Das wollen wir doch alle nicht. Schließlich hat er ja seine Pflicht zu tun. Der Rektor sollte für alle ein Vorbild sein, da haben Sie recht, aber seit ein paar Monaten hat er es mit dem Magen. Das einzige, was ihm da wirklich hilft, ist dieser Magenbitter aus dem Bayerischen Wald, dieser edle Kräutertrunk. Je eine Dosis um 8.00 Uhr, 10.00 Uhr und 12.00 Uhr. Und vor dem Mittagessen. Mit seiner Medizin nimmt er es sehr genau. Aber Alkohol in der Schule? Nie!

Die Ohren auf Durchzug: Kommunikation im Lehrerzimmer

Lustig ist das Lehrerleben besonders in den Pausen. Gespräche wie das folgende würden nur pädagogische Fanatiker und sendungsbewusste Studenten vor dem Praxiskontakt in der Schule vermuten:

Der junge engagierte Pädagoge: »Sagen Sie bitte einmal, Frau Rektorin, haben Sie an Fritz Glaser aus der 5a in letzter Zeit auch diese emotionale Krise diagnostiziert, dieses unterschwellige Bitten um Zuwendung?«

Die erfahrene Rektorin: »Wie qualifiziert Sie das beobachtet haben! Ja, auch in meinem Unterricht ist der Junge … ein einziger Schrei nach Liebe! Erst gestern hat er seinen Banknachbarn mit Ketchup übergossen, um eine schwere Verletzung vorzutäuschen und so meine Aufmerksamkeit auf seine schier unlösbaren seelischen Konflikte zu lenken!«

Der junge engagierte Pädagoge: »Aha! Eine interessante Variante des ödipalen Motivs, wie ich bemerken darf. Die rituelle Tötung des Klassenkameraden an Vaters statt, um die Zuneigung der Erzieherin als Mutterersatz zu gewinnen ...«

Der Kollege aus der 10b: »Ein bemerkenswerter Aspekt, Herr Kollege, der mir für meine Arbeit wichtige Denkanstöße gibt. Womöglich meinten meine Schüler gar nicht mich, als sie gestern meinen Wagen in Brand setzten, sondern sozusagen ihren ödipalen Übervater?«

Nein, so läuft es nicht. Wie sollen Lehrer sich bei derartig anstrengenden Gesprächen von den schweren Belastungen der Unterrichtsstunden erholen, in denen sie womöglich 22 Schüler bei der Stillarbeit beaufsichtigen mussten? Die Realität ist menschlicher, erholsamer ...

Herr Drüschel (9d): »Mensch, Helmut, morgen krieg' ich ihn endlich, den neuen Siebener!«

Herr (Helmut) Blatsch (9b): »Ehrlich? Gut Ding will Weile haben, hähähä!«

Frau Müller-Fingerzimp (5c): »Sag mal, Else, hast du die neue *Gala* aus meinem Fach genommen? Ein spannender Artikel über Di und Dodi ist da drin, die sind nicht tot, die sollen jetzt in Kuba als anonyme Knoblauchzüchter leben ...«

Der Hausmeister (räuspert sich): »Könnten Sie mal eben? Da hängt ein Schüler auf dem Klo, der röchelt so komisch!«

Herr Drüschel (9d):»Ja und? Kann er denn das nicht nachmittags machen, in seiner Freizeit? Und Sie, als Hausmeister?

Können Sie denn nicht eingreifen? Ich meine, wir haben in der großen Pause Wichtigeres zu tun ...«

Wie Sie sehen, verstehen es Lehrer trotz der vielfältigen Belastungen ihres Berufes zu entspannen, ohne dabei jedoch ihre große Aufgabe aus den Augen zu verlieren. Wenn Schüler das Thema von Lehrergesprächen sind, reden sie dabei kein unnötiges Universitätschinesisch, sondern bringen ihre langjährige Berufserfahrung ein, wählen sprachlich prägnante Kurzformen einer praxisbezogenen Fachsprache und machen sich zugleich ein wenig Luft – etwa so:

Frau Kissenkötter (6b): »Hach, der Jan-Thorben Braumüller, das ist vielleicht ein dämlicher Sack! Der geht mir in letzter Zeit dermaßen auf den Senkel! Nicht eine Minute kann der still sitzen! Und die Klassenarbeiten – unter aller Sau!«

Herr Gollaschewski (7a): »Lassen Se ihn doch hängen!»

Frau Birkmann (5b): »Bloß nicht! Dann kann ich mich das ganze nächste Jahr mit dem Idioten herumprügeln.«

Herr Gollaschewski (7a): »Ich hab den älteren Bruder in Mathe, der is' auch komplett bescheuert! Die ganze Familie Braumüller hat nicht alle auf der Latte ...«

Blenden wir uns hier aus – schließlich wollen wir ja nicht indiskret sein.

SURVIVAL-TIPP: ORGANISATION

Nicht, dass dieses Buch Sie zu ernsthafter oder systematischer Arbeit verleiten sollte – bewahre! Da halten wir (Sie und der Autor) es doch ganz mit den Schülern: minimaler Aufwand und maximaler Effekt! Nein, es soll hier nur um das bisschen Planung gehen, das nötig ist, um Ihre Tätigkeit für den Beruf, in den Sie vermutlich irgendwie hineingeschlittert sind, möglichst zeitsparend und nervenschonend abzuwickeln.

Ein Wunder eigentlich, dass Lehrer überhaupt noch unterrichten. Es muss wohl mit ihrem heiteren Naturell zusammenhängen, dass sie unter den übermenschlichen Belastungen ihrer Aufgaben nicht völlig zusammenbrechen. Denn zu den schwerwiegenden Obliegenheiten des Alltags in der Schule kommen ja noch zahlreiche Arbeiten organisatorischer Art hinzu. Papierkörbe leeren (nicht lehren!), Papierschnipsel aufheben, Briefe, Gutachten, Zeugnisse und unheimlich lange Arbeitsblätter (bis zu zwei Seiten!) auf dem Computer tippen. Dazu mindestens zwei Mal täglich über etwas nachdenken, auch nachmittags zu Hause und in der Freizeit! Wer tut das schon gern? Doch zum Glück haben Lehrer bereits im Studium gelernt, ihre Arbeit zu organisieren, wie Sie an den folgenden Praxis-Tipps sehen können.

Klassiker light

Bestimmte Internetseiten haben begriffen, dass Romane von einigen 100 Seiten Umfang, dazu noch in geschraubter und gekünstelter Sprache, den zeitgenössischen Menschen überfordern. Nicht umsonst wird Schillers »Lied von der Glocke« seit Jahrzehnten von Schülern auf ein simpleres Format reduziert:

Loch in Erde

Bronze drin

Glocke fertig

Bimbimbim!

Statt seine Lektüre zu lesen, geht der Schüler heute einfach auf www.inhaltsangabe.de und auf andere einschlägige Seiten, zum Beispiel solche mit Interpretationshilfen für moderne Lyrik. Es wächst eine Schülergeneration heran, die genau weiß, was in etwa in den Klassikern der Literatur drinsteht, und das, ohne auch nur ein einziges Werk tatsächlich gelesen zu haben. Ihr gegenüber steht eine Gruppe engagierter und im Internet erfahrener Pädagogen, die es genauso macht.

Was wir daraus lernen? Irgendetwas stimmt nicht mit dem Bildungskanon. »Herr von Ribbeck auf Ribbeck im Havelland«, Goethes »Werther«, »Der Besuch der alten Dame« und »Die Judenbuche« scheinen aus irgendwelchen rätselhaften Gründen nicht mehr im Zentrum kollektiver Aufmerksamkeit zu stehen.

Deutschunterricht light also. Warum diese Methode nicht auf andere Fächer übertragen? Besonders im Fach Mathematik würden zahlreiche Schüler Vereinfachungen jubelnd begrüßen. Freiheit für die Funktionen, weg mit den komplizierten Formeln!

Kreisumfang berechnen? Wozu denn, Quadrate tun es auch. Ethikunterricht: Gut und Böse, Schwarz und Weiß, das genügt. Chemieunterricht: Azofarbstoffe? Was soll man mit dem Wissen anfangen, dass Joseph Louis Gay-Lussac kein Vorkämpfer für die Sache der Schwulen, sondern der Entdecker bedeutender Gasgesetze war? Auch Chemie light genügt. Lernziel heute: Wir kochen uns eine Tütensuppe. Was drin ist, steht ohnehin auf der Packung.

So macht Schule Spaß.

Die Unterrichtskartei

Wie schön übersichtlich und jederzeit bereit für den Zugriff lassen sich doch Informationen auf Karteikarten ordnen! Da braucht es doch nicht gleich einen Computer! Karteikarten sind viel … greifbarer, haptische Erfahrung sozusagen. Früher im Studium musste man sich mit den einfachsten Hilfsmitteln begnügen, weil das Geld fehlte. Alte Karteikästen aus einer Büroauflösung, bereits auf einer Seite beschriftete Karteikarten hatten wir damals, irgendeine Kundenkartei von Firma XY oder so. Aber heute braucht Lehrer Koslowski ja nicht mehr auf den Cent zu gucken, und wenn es um die Arbeit geht, macht er keine Kompromisse. So tritt er schon am frühen Nachmittag durch die Pforte seiner angestammten Bürobedarfshandlung und lässt sich Karteikästen zeigen. Solides Blech, Designerstücke aus Plastik, garantiert schon zwölf Mal recycelter Umweltkarton, nichts ist ihm gut genug für seine Unterrichtsthemenkartei. Ganz oben auf dem Regal entdeckt er sie, richtige Holzkästen aus original norwegischer Karteikastenbirke im Schleiflack-Matt-

Finish! Schlicht, aber sündhaft teuer und mit handgeschmiedetem Präzisionsschlüssel verschließbar! Die muss er haben! Aber zunächst sind gewichtige Entscheidungen zu fällen: DIN-A5? DIN-A6? DIN-A7? Lange ringt er mit sich, wählt dann Karteikarten und Kasten in DIN-A6, wobei er wegen des Umfangs der zu bewältigenden Aufgabe gleich 10.000 Karteikarten in schwerem gestrichenem Kunstdruckkarton und 16 Kästen inklusive Alphabet wählt. Er zahlt, trägt das erworbene Gut hocherfreut in seinen Volvo-Kombi, dessen Federn in die Knie gehen, und eilt zu seiner Heimstatt, innerlich darauf brennend, sein unterrichtliches Wissen für sich und die Nachwelt festzuhalten.

Unverzüglich beginnt er, die Karteikarten aus ihrer Verpackung zu lösen, die Alphabete in die Kästen einzuordnen, jeweils 25 (Buchstabe A), 45 (Buchstabe S) oder 5 (Buchstabe Y) Karteikarten hinter die Alphabetskarte zu stecken, er ist da sehr systematisch. Sodann, es ist unterdessen tiefe Nacht geworden, beschriftet er alle 16 Kästen von »Mathematik/Klasse 6« bis »Geschichte/Klasse 13« in Schönschrift und legt sich, redlich erschöpft, zum Schlafe nieder. Er weiß, dass er Großes geleistet hat.

Am nächsten Tag beginnt er sogleich mit der inhaltlichen Arbeit. Kaum aber hat er die erste Karte in Kasten 1 mit »Thaleskreis/Beweise« beschriftet, da klingelt das Telefon. Immer diese Störungen! Voller Widerwillen wickelt er eines dieser überflüssigen Elterngespräche ab und will zu seiner Arbeit zurückkehren. Aber ach … die Karteikarte »Thaleskreis/Beweise« ist unauffindbar, jedenfalls unter »T«. Auch unter »B« wie »Beweise« findet sie sich nicht. Vielleicht hat er sie versehentlich falsch einsortiert. Gründlich und systematisch durchsucht er die leeren Karten unter den übrigen Buchstaben …

Stunden später. Die Dämmerung senkt sich über sein Arbeitszimmer, er schaltet die Schreibtischlampe ein und sucht weiter. Und da findet er sie: Sie ist in die Ritze zwischen Heizung und Schreibtisch gefallen. Gerade wollte er sich die Mühe machen, eine zweite, als Ersatzkarte gekennzeichnete Karte anzufertigen. Das ist nun überflüssig. Wie schön.

Nach dem Abendessen will er weiterarbeiten, allerdings jetzt an Karteikasten 8 »Geschichte/Klasse 9«, weil ihn Kasten 1 nach dem frustrierenden Suchen zurzeit nicht mehr so sehr motiviert, aber seltsam, da hat er den Schlüssel verlegt. Nirgendwo ist er zu finden, der Schlüssel zu Kasten 8. Ob er mal mit dem Brecheisen? Oh, das Schloss ist ganz schön stabil. Schade, jetzt hat Kasten 8 vorn eine Macke. Das sieht nicht gut aus, da muss er mit Schmirgel und Klarlack ran. Aber dazu ist es jetzt zu spät. Morgen ist auch ein Tag.

Aber wie das so geht, die Schwiegermutter kommt zu Besuch und das Auto muss in die Werkstatt, am nächsten Nachmittag muss er sich von der Hektik der letzten Tage erholen, denn 16 Karteikästen anlegen, das ist kein Pappenstiel! Naja, und zu allem Überfluss wird es in der Schule einfach zu stressig. Aber in den Ferien, da macht er weiter mit seiner Unterrichtskartei, da geht er mit Schwung an die Sache. Das heißt, falls er die Schlüssel zu den Kästen 8 bis 16 wiederfindet, die hat er in einen der Kästen 1 bis 7 gelegt, glaubt er sich zu erinnern. Kasten 8 muss er vorn noch restaurieren und für Kasten 14 fehlen rote Karteikarten. Er hatte nämlich die gute Idee, die Geschichte des Kommunismus auf rote Karteikarten zu schreiben. Genial, nicht? Und so beziehungsreich! Und man hat ihn auf einen Griff am Wickel, den Weltkommunismus! Aber Lehrer Koslowski hat ja immer so gute Ideen in der Arbeitsorganisation.

Ach ja, und in Kasten 3 muss er erst einmal die Kartenbestückung erneuern, weil ihm da etwas Kaltleim reingelaufen ist, als er neulich das Originalmodell vom Kölner Dom im Maßstab 1:60 nachgeleimt hat. Denn ordentlich soll sie schon sein, seine Unterrichtskartei. Organisation ist im Lehrerberuf alles! Und dabei kann man ja schließlich nichts übers Knie brechen.

Na ja, eigentlich hätte ein Computer, so überlegt er, doch vielleicht Sinn gemacht. Er hätte die Kartei auch als Datei auf dem Computer anlegen können. Zunehmend fesselt ihn dieser Gedanke. Gut, zuerst müsste er das Betriebssystem updaten und die Grafikkarte erneuern. Auch die Festplatte ist nicht mehr der neueste Stand der Technik. Dann die neue Version vom Datenbankprogramm aufspielen und die Eingabemaske überarbeiten. Ups, der Computertisch ist auch nicht mehr der stabilste. Gab es da nicht im Baumarkt so ein Sonderangebot? Oder soll er lieber ein Designerstück erwerben? Und wohin jetzt mit den ganzen Karteikästen?

SURVIVAL-TIPP: TEAMWORK

Besonders einfach haben es Lehrer in ihrem Beruf, weil sie immer so unheimlich kooperativ sind. Denn selbstverständlich arbeiten Lehrer nicht allein als Einzelkämpfer, sondern immer Hand in Hand mit den Kollegen. Da werden Stundenplanungen vorbesprochen, benötigte Materialien gemeinsam besorgt, Probleme und Hindernisse im Team ausgeräumt. So arbeiten Lehrer eigentlich immer. Von seltenen Ausnahmefällen einmal abgesehen. Man kann ja schon verstehen, dass es ein paar gute Gründe für Ausnahmen von der Regel gibt. Allein arbeiten sie zum Beispiel, wenn Kollegen wichtige Familienangelegenheiten zu klären haben, noch eben etwas einkaufen müssen, leider am Nachmittag Gesangsstunde haben und dringend zum Nordic Walking müssen oder momentan in einer psychischen Krise sind und ein bisschen zu sich finden wollen. Allein arbeiten sie auch, wenn ihre Kollegen ausgerechnet während der geplanten Arbeitssitzung einen Zahnarzttermin oder gerade Töpferkurs haben, die Kinder zum Klavierunterricht gefahren werden müssen, der Rasen dringend vertikutiert werden sollte oder ein Gespräch mit dem Vermögensberater ansteht. Aber, Sie sehen selbst, das sind alles seltene Ausnahmefälle. Vielleicht gibt es noch ein paar gelegentlich auftauchende Hindernisse für eine fruchtbare Zusammenarbeit, wenn zum Beispiel der Sohn kurz vor der Abschlussprüfung im Karatekurs steht und mit Vati üben muss; wenn die Lehrer, die zusammenarbeiten möchten, zufällig verschiedene Jahrgänge unterrichten oder, ach wie schade, unterschiedliche Unterrichtswerke benutzen. Dann könnte noch störend sein, dass der eine Lehrer ein morgendlicher Jogger und Springinsfeld ist, während seine Kollegin eher ein Nachteulendasein vorzieht. Das ist lästig. Ebenso unangenehm ist es, wenn der Ehepartner des einen Lehrers den Kollegen nicht ausstehen kann. Da kann man nichts machen. Oder die Lehrer wohnen ganz weit entfernt voneinander, etwa mehr als zwei Kilometer. Das kann man ja nicht verlangen, dass einer täglich so lange Strecken zurücklegt, noch zusätzlich zum Schulweg. Lehrer sind schließlich keine Fernfahrer. Und überhaupt, wer zahlt die Abnutzung vom Auto? Nein, unter so widrigen Umständen muss schon jeder hübsch für sich arbeiten. Aber sonst arbeiten Lehrer zusammen. Immer.

SURVIVAL-TIPP: PÄDAGOGIK

Nicht nur Organisation und Teamwork – auch Ideen helfen, Arbeit = Stress zu mindern. Pädagogische Maßnahmen müssen nicht nur den Nutzen für die Schüler im Auge haben. Auch der Lehrer kann profitieren. Schließlich haben Sie ja schon genug Arbeit damit, täglich vollständig angezogen und im Vollbesitz Ihrer geistigen Kräfte am Arbeitsplatz zu erscheinen. Da ist es durchaus legitim, wenn Sie es bei der Vermittlung des Unterrichtsstoffs nicht ganz so genau nehmen ...

Unterstufe: Die spontane Aktion

Ein pädagogisch motivierter Ausflug lockert den tristen Schulalltag auf, alle kommen an die Luft, sehen etwas Neues, selbst wenn es nur die Backstube der Bäckerei an der Ecke ist, und haben das Gefühl, etwas Besonderes erlebt zu haben – auch der Lehrer. Schließlich sind frische Brötchen einer trist-theoretischen Unterrichtsstunde auf jeden Fall vorzuziehen. Die Klassen müssen sich austoben. Richtig, deshalb fällt Mathe aus, und im Klassenbuch steht: »Unterrichtsgang Sachunterricht – Besuch in der Bäckerei«.

Die Turnhalle ist frei? Prima. Schuhe aus und hinein ins Vergnügen. Die Seile raus, die großen Matten auftürmen und los. »Tarzan jagt die wilden Affen« heißt die Aktion oder »Der Kampf der Giganten«. Nachher sind zwei Unterrichtsstunden verstrichen, alle fühlen sich angenehm müde – und sind schön ruhig. Im Klassenbuch steht: »8.00 Uhr – 9.30 Uhr: Abbau motorischer Stauungen …«.

Mittelstufe: Das Referat

Wie gern sieht sich Streber Roger Hultzmann in der Dozentenrolle. Soll er es doch haben, sein Vergnügen! Mittwochs ist pädagogischer Stammtisch, da fühlt die Lehrkraft sich donnerstags in den ersten beiden Stunden immer etwas ausgelaugt. Also kommt der schlaue Roger zum Zuge und referiert. Stundenlang. Er ist bestens vorbereitet und genießt es sichtlich. Gut macht er das für sein Alter, man kann richtig was lernen. Wenn man nicht immer einnicken würde … So, noch ein paar lehramtliche Anmerkungen zum Schluss, alles in Butter. Hultzmann kriegt 'ne Eins, fühlt sich wie Einstein, andere Schüler melden sich freiwillig für das nächste Referat, und die schwache Phase des Pädagogen ist überwunden.

Oberstufe: Literaturarbeit

Wer liest heute schon noch? Wann denn auch? Man hat überhaupt keine Zeit dazu. Doch, in der Schule! Denn wie wollen Sie Schillers Dramen besprechen, wenn sie keiner kennt? Gut, die paar Figuren, die wirklich schon brav zu Hause gelesen haben, können auf ihrem Handy daddeln, Däumchen drehen, Schiffchen versenken oder Mangas lesen. Die übrigen lauschen der Stimme eines Vorlesers (natürlich nicht der des Pädagogen), was die Stunde auf den Rang eines Hörbuches erhebt. Dezente Musik im Hintergrund tut ein Übriges – die Schüler werden Ihren Unterricht lieben und finden endlich Zugang zur Literatur. Hat schon ihre Vorteile, so eine Lesestunde! Vor allem: Man kommt selbst mal wieder dazu, ohne dieses anstrengende Selberlesen etwas Literarisches zu genießen.

SURVIVAL-TIPP: VORBEREITUNG

Nicht nur Eltern, Kollegen, Schulbürokraten und Schüler versuchen, dem Lehrer den Schullalltag so angenehm wie eben möglich zu gestalten, dazu hat er auch noch seine Wissenschaft, die Pädagogik. Denn wenn ein Lehrer einmal müde und abgeschlafft (zum Beispiel von den nächtelangen Fußballübertragungen im Bezahlfernsehen) seinen Unterricht nicht recht durchstrukturieren kann, greift er in seinen pädagogischen Zylinderhut, und schwuppdiwupp, zaubert er ein prächtiges methodisch-didaktisches Kaninchen heraus, das ihn vor jeglicher Unterrichtsvorbereitung bewahrt!

Projekte sparen Ressourcen

Lernen sollen in der Schule die Schüler, das liegt auf der Hand. Also ist es doch völlig überflüssig, dass auch Lehrer alles lernen, was ihre Schüler später wissen müssen, oder? Die aus diesem Sachverhalt resultierende Konsequenz nennt man ›schülerzentrierten Unterricht‹ und dessen liebste Erscheinungsform ist das Projekt. Beim Projekt lernen die Schüler ganz allein, während der Lehrer nur die Verwundeten verbindet, ansonsten aber auf der faulen Haut liegt. Projektunterricht ist also eine feine Sache. Noch nie etwas darüber gehört? Na, na, geschlafen im Seminar? Ach so, Sie waren gerade krank. Es funktioniert ganz einfach, wie alle genialen Erfindungen. Machen Sie sich überflüssig! Lernen können Ihre Schüler nämlich viel besser ohne Sie (aber das darf natürlich niemand wissen!). Klar, Sie könnten auch das jeweilige Lernfeld strukturieren, Materialien ausarbeiten und Hilfen zur Verfügung stellen, Exkursionen und Versuche organisieren, Interviews arrangieren und Ergebnisse auswerten. Aber es geht auch ohne. Stellen Sie also Ihr Licht unter den Scheffel und lassen Sie die Schüler ran! Ihr Arbeitsaufwand sinkt, Ihre Schüler lernen etwas, nämlich vor allem, wie man lernt. Genau das wollten Sie doch immer. Schuldgefühle wegen der geringen Arbeitsbelastung? Wozu? Andere Leute werden für weniger Arbeit besser bezahlt. Und ein besserer Lehrer wären Sie auch anders nicht. Soll die 7b zum Beispiel begreifen, wie ein Computer funktioniert, bringt Frau Zuck, die erfahrene Projektleiterin, ihren eigenen, seit Monaten defekten Computer aus der digitalen Steinzeit mit, den ihre Klasse inspizieren und wenn möglich reparieren soll.

Womit Frau Zuck nicht gerechnet hat: Keine 15 Minuten später läuft das Teil wieder. Sören-Henning installiert bereits Minecraft, Mandy erklärt das Vorgehen der Gruppe: »Wir haben nur das Bios geflasht und danach per Jumper auf default gesetzt, Sie wissen schon, Pin 1 und 2!« Frau Zuck ist sprachlos, denn trotz diverser Handbücher für Dummies hat sie gerade erst das Grundprinzip der digitalen Informationsverarbeitung begriffen – Nullen und Einsen und so. Eines weiß sie jetzt ganz genau: Von Projektarbeit kann man ganz schön profitieren.

Ähnliche aufwühlende Erfahrungen stehen den Pädagogen womöglich in anderen Fächern bevor: Statt mühevoll den guten alten »Heimatkundeunterricht« in der Klasse vorzubereiten, schickt Lehrer Groß seine Kinder ins Projekt »Wir erkunden unsere Heimatstadt«. Zwar erfahren sie dort nicht, wer Franz Josef Gallmann, der örtliche Heimatdichter, tatsächlich war, aber das interessiert eh niemanden wirklich.

Stattdessen finden sie all die interessanten Orte, die sonst im Sachkundeunterricht kaum je vorkommen: die Atommüllfabrik (»Wie schön die nachts leuchtet!«), den Sexshop (»Aber Herr Rektor! Was machen Sie denn hier?«), die Spielhölle und das Viertel hinterm Bahnhof mit der ganz heißen, neuen Disco. Fürs Leben lernen wir, sagt Lehrer Groß immer und freut sich, dass er die schwachsinnigen Werke von Heimatdichter Gallmann nicht zum aberwitzigsten Male rezitieren oder anhören muss. Auch das sind die Vorzüge von Projektunterricht.

Letzte Rettung! Der Ausflug in die Gruppentherapie

Mit ganz besonderem Genuss gehen manche Klassen höherer Jahrgänge auf das Angebot ein, einmal das individuelle Lernverhalten der Schüler gemeinsam zu beleuchten oder die soziologische Struktur in der Klasse zu diskutieren. Das ist zwar für den Lehrer an sich auch kein ausgesprochen frohsinniges Unterfangen, aber, und da liegt der Hund begraben, immer noch besser als ein fachlicher Eiertanz in Geschichte oder Philosophie, wenn die Zeit mal wieder nicht für eine gründliche Vorbereitung gereicht hat. Statt sich aufs Glatteis zu begeben, beginnen Sie die Unterrichtsstunde: »Zunächst einmal etwas Fachfremdes, liebe Leute! Mir sind da in letzter Zeit einige Dinge zum Verhalten dieser Klasse im Unterricht aufgefallen, die ich heute einmal vorab mit euch besprechen möchte.«

Das »vorab« in dieser Anrede hat eine rein rhetorische, aber wichtige Funktion: Obwohl Sie nicht im Traum daran denken, heute noch Geschichte zu unterrichten, suggeriert es diese Absicht. Und eine wichtige Schülergruppe, auf die Sie in diesem kritischen Moment zählen müssen, wird durch dieses Wörtchen enorm mobilisiert – die Schüler, die genauso sträflich unvorbereitet sind wie Sie. In der Hoffnung, um eine große Blamage oder schlechte Benotung herumzukommen, werden sie nämlich die soziologische Diskussion vorantreiben, immer das Ende der Stunde im Auge. Für die erste Gruppe aktiver Mitarbeiter ist also gesorgt. Die zweite Gruppe besteht aus den Schülern, denen das Thema aus einem anderen Grund am Herzen liegt: Es geht um die wichtigste Sache auf der Welt überhaupt – um sie selbst. Ob in der Hoffnung, mehr über ihre Einschätzung durch den Lehrer zu erfahren, oder aus reiner Freude an der Selbstdarstellung – weitere Beiträge oder Nachfragen sind Ihnen sicher. Nach einer gewissen Anlaufphase mit Themensichtung entbrennt meist eine lebhafte Diskussion. Sie achten nur darauf, dass die einzelnen Beiträge nicht zu privaten Charakter annehmen. So mancher fühlt sich nämlich an seine Psychogruppe oder eine Assi-Seelenstrip-Talkshow aus dem Fernsehen erinnert und packt womöglich hemmungslos aus. Da könnten Dinge ans Licht kommen, die Sie gar nicht wissen wollen … Den Gong zur nächsten Runde – das Pausensignal – erreichen Sie ohne Mühe, und für die nächste Stunde sind Sie sicher wieder glänzend präpariert. Denn mehr als ein, zwei Mal im Jahr können Sie diesen Trick nicht aus Ihrer Kiste ziehen.

SURVIVAL-TIPP: INNOVATION

Nicht immer geht es nur um Wissen und wissenschaftliche Fakten, um Intellekt oder Logik. Auch die musischen Seiten der Schüler wollen gefördert werden, und das kann sehr nervenschonend für den Pädagogen ablaufen. Liegt doch in der Ruhe die schöpferische Kraft und wächst das kreative Werk nur dort, wo Wissen nicht Wunder ins Abseits drängt …

Action-Painting und Land-Art: Halligalli aus dem Stegreif

Kunstunterricht und mal wieder nichts geplant? Nichts dabei? Kurz nachdenken … Kunst ist schließlich vielfältig, immer neu, kennt viele Medien, viele Wege. Aha, das ist es! Raus aus der Schule, ran an den Wagen vom geliebten Kollegen. Der muss eh mal wieder lackiert werden. Ein paar Flaschen Wandfarbe sind noch da. Ha, wird der sich freuen! Oder rein in den Schulgarten, der seit drei Jahren brachliegt. Buddhistische Steingärten, Land-Art-Kunstwerke stehen Pate. Kunstunterricht mit Spaten und Harke – einsame Spitze!

Der neue Musikunterricht

Wer annimmt, die Kompositionen aller Tonkünstler basierten auf der Tonleiter in Dur oder Moll, hat von Musik keine Ahnung. Grundlage und kleinstes Element jeden musikalischen Schaffens ist der Klingelton. Ein guter Musikunterricht sollte diese Kurzform und ihre musikalischen Möglichkeiten thematisieren.

- Grundkurs: Klingeltöne herunterladen
- Aufbaukurs: Abofallen vermeiden!
- Meisterkurs: Klingeltöne erstellen und vermarkten

Händels »Wassermusik« oder Beethovens »Neunte Symphonie« sind für moderne Schüler einfach zu große Brocken. Heruntergebrochen auf das Format des Klingeltons hingegen werden sie leicht konsumierbar und mit Vergnügen rezipiert. Sie als Pädagoge sollten Ihren Schülern vorangehen. Nicht nur, dass Sie stets das neueste Handy besitzen sollten, mindestens drei- bis viermal während der Unterrichtszeit sollte der neueste Klingelton daraus hervorplärren. Ihre Kenntnis neuer Technologien in Hard- und Software wird in nie gekannter Weise profitieren und Ihre Reputation bei den Schülern um Dimensionen steigen, auch wenn Sie 60 Jahre alt sind und Justin Timberlake nur sehr entfernt ähneln.

Lasst die Kreativen ran!

Warum immer alles und jeden lenken? Warum nicht einmal die schöpferischen Kräfte anderer fordern? Die nächste Doppelstunde Kunst plant nicht der Pädagoge (der übrigens dringend etwas Ruhe braucht), sondern eine Schülergruppe. Die gibt sich unheimlich Mühe, denn es ist ja ihre erste Veranstaltung dieser Art, und kann sicher auch ein paar kompetente Tipps gebrauchen, aber das ist auch alles. Prima, nicht? Rechnen Sie mit allem!

Musik: Schüler machen Programm: Hip-Hop oder Oldie-Disco?

Kurz vor den Ferien. Dem Musiklehrer geht die Luft aus. Die Schüler können helfen. »Bestandsaufnahme Musik heute« heißt die folgende Unterrichtsstunde, die mithilfe der Musikbibliotheken Ihrer Schüler auf Handys und MP3-Player zu bestreiten ist. Ihnen gehen garantiert die Ohren über. Also: Ohropax nicht vergessen! Oder besser noch: Horchen Sie mal nach, wie viele Kollegen von Eminem, Alligatoah und 50 Cent es in Ihrer Klasse oder Ihrem Kurs gibt, total geil darauf, im Rahmen des Musikunterrichts selbst zu »performen«.

Die literarische Kurznachricht

Eltern und die bereits genannten Studien beschweren sich über die Schreibkompetenz unserer Schüler. Keine zusammenhängenden Sätze, schon gar keine vollständigen Texte. Warum holen wir die Schüler nicht dort ab, wo sie selbstständig schreiben, und das freiwillig? Bei WhatsApp und anderen Kurznachrichtendiensten wird ohne Ende getextet, und das sollte die Schule ausnutzen. Während der Klassenaufsatz »Mein schönstes Ferienerlebnis« zu frustriertem Gruppenstöhnen führt, ist die ganze Klasse dabei, wenn der Lehrer verlangt: »Stellt euch vor, ihr seid im Urlaub und habt gerade einen absolut obergeilen Tag erlebt. Jetzt liegt ihr zu Hause im Hotelbett, das Handy in der Hand und dürft mir eine Nachricht schicken. Meine Nummer ist 0000 1234 567!« Sie und Ihr Kurs sind auf dem Weg zum Social-Media-Roman, eine beliebte literarische Form der Neuzeit. Ebenfalls voll im Trend: Theaterstücke, die aus WhatsApp-Dialogen hervorgehen. Lassen Sie den Deutschlehrer hinter sich und treten Sie in die Fußstapfen von Max Reinhardt und Peter Zadek.

Frechheit statt Fachwissen: Der spekulative Unterricht

Wenn es auf dem Weg zur Schule nicht einmal zu einer Primitiv-Präparation gereicht hat, greifen Pädagogen auf die wertvollen Erfahrungen aus der eigenen Schul- und Studienzeit zurück: Sie schütteln sich ein Unterrichtsthema aus dem Ärmel. Gerade diese Form von spekulativem Unterricht verlangt wahre Meisterschaft. Keine Spur Unsicherheit dürfen die Schüler bemerken. Folgende Regeln sind wichtig:

DIE ZEHN GEBOTE
DES UNVORBEREITETEN UNTERRICHTS

- Erstes Gebot: Jeder Gedanke ist im Unterricht zu irgendetwas nutze!

- Zweites Gebot: Gehen Sie auf Schülerinteressen ein, egal, um welche es sich handelt!

- Drittes Gebot: Was ich nicht weiß, können andere lernen!

- Viertes Gebot: Was andere nicht wissen, können sie gefälligst selbst in Erfahrung bringen!

- Fünftes Gebot: Keine Antwort ist besser als eine falsche!

- Sechstes Gebot: Nur keine Panik! Die Schüler wissen auch nicht mehr als Sie, aber vielleicht etwas anderes. Holen Sie sich Informationen, wo immer Sie welche bekommen können, und lassen Sie diese an der Tafel zusammentragen!

- Siebtes Gebot: Auf Fragen kann man mit Gegenfragen antworten!

- Achtes Gebot: Man kann Schülerfragen an andere Schüler weitergeben!

- Neuntes Gebot: Man kann Fragen auch offen lassen [»Was? Da blickt keiner von euch durch? Ich staune!«]

- Zehntes Gebot: Nur nicht die Hoffnung verlieren! Die meisten Schüler sind garantiert nicht besser vorbereitet als Sie!

Besonders geeignet für spekulativen Unterricht sind Fächer wie Deutsch (Interpretation von Romanen wie »Homo laber«), Politik (Tagesfragen), Geschichte (mit aktuellem Bezug), Philosophie, Fremdsprachen (Diskussionen), aber auch Biologie (Genmanipulation) und sogar Mathematik – eigentlich also alle.

Aber in der Themenauswahl zeigt sich der Meister, der mit minimalem Aufwand das Beste aus seinen Schülern herausholt, auch wenn er selbst nicht allzu viel zu bieten hat. Hier ein paar Vorschläge:

- DEUTSCH: Kraftausdrücke – Ausdrucksmittel oder Abfalleimer der Sprache?
- POLITIK: Die Toten Hosen und die Reformation: Wurde Campino erst durch Luther möglich?
- BIOLOGIE: Huhn oder Ei? Uralt, aber noch immer ungelöst.
- GESCHICHTE: Zeitreisen 1: Kaiser Karl in einer deutschen Großstadt unserer Tage – ein Denkmodell
- GESCHICHTE: Zeitreisen 2: Vier Wochen Ferien im Mittelalter – was würdet ihr mitnehmen?
- MATHEMATIK: Axiome – Grundlagen der Mathematik – Versuch einer Neugestaltung auf der Basis der Behauptung $2 + 2 = 5$

Für die Mittelstufe eignen sich Planspiele und Szenarien glänzend, um eine gute Unterrichtsbeteiligung ohne große Vorbereitung zu erzielen. Verwenden Sie das Ihnen bekannte Material, um eine Ausgangssituation zu schaffen, die Ihre Eleven sodann ausgestalten können. Stellen Sie getrost Galileo Galilei erneut vor die Inquisition. Sie werden staunen, wie so etwas abläuft.

Oder lassen Sie Charles Darwin mit dem Neandertaler über die Vorfahren des Menschen diskutieren.

Folgende provokante Fragen würzen den spekulativen Unterricht der Oberstufe:

- Was, wenn Leonardo den Hubschrauber nicht nur konstruiert, sondern auch schon zu seiner Zeit realisiert hätte?
- Erst Karl Marx ermöglichte durch seine genauen Analysen den Kapitalismus unserer Tage. Was, wenn er das Abitur nicht geschafft hätte und nicht hätte studieren dürfen?
- Genmanipulation – demnächst Zuchtwahl statt Numerus clausus. Kommt der Hyper-Schüler?

Wer war Jens Gotthold Trausteiner?

Eine besonders erfreuliche Variante spekulativen Unterrichts ist die Besprechung einer vollständig fiktiven Biografie, zum Beispiel in Deutsch, Geschichte oder auch einem naturwissenschaftlichen Fach – jeweils entsprechend ausgestaltet. Sie schütteln sich, ein Blatt mit (imaginären) Notizen in der Hand, einen Lebenslauf aus dem Ärmel: Jens Gotthold Trausteiner, geb. 16. März 1845 in Marburg (Daten an die Tafel schreiben, sonst vergessen Sie selbst später alles), aufgewachsen im florierenden Gewürzkontor seines Vaters, 1863 kaufmännische Lehre und eigenes Geschäft, das er aber 1869 nach einem rätselhaften Schlüsselerlebnis auf einer Italienreise verkauft, um nun ein Leben als Possenreißer, Sänger, Kurzwarenhändler und Vagant zu beginnen …

Bei der Ausschmückung dieses erstunkenen Lebenslaufes geben Sie Ihrer Fantasie vollen Spielraum. Nur eines dürfen Sie nicht: Lachen! Stellen Sie nach Abschluss Ihres lockeren Vortrags zum Beispiel die bedeutende Frage: Wie ordnen Sie Jens Gotthold Trausteiners Lebenslauf in das Umfeld der Spätromantik ein? Nach möglicherweise zähem Beginn werden Sie staunen, welch umfangreiches Faktenmaterial Ihre Schüler zutage fördern, wie sie die von ihren Mitschülern erhaltenen Vorgaben beleuchten, begutachten und bewerten, welch rundes Bild sich aus den Fragmenten formt. Geben Sie getrost den Auftrag, die eben abgelaufene Stunde kurz schriftlich zu fixieren. Immer daran denken: Nur nicht lachen! Wann Sie die Katze aus dem Sack lassen, ist Ihre Sache.

Wichtig: Keine Hausaufgaben mit dem Thema Jens Gotthold Trausteiner! Dann googeln Ihre Schüler und die Blase platzt. Wenn Sie aber selbst einen Eintrag über Jens Gotthold Trausteiner bei Wikipedia einstellen, ist ihm ein deutlich längeres virtuelles Leben sicher.

Es soll auch fiktive Dichter gegeben haben, die eine Woche und länger existierten und sogar Aufnahme in einschlägige Druckwerke fanden. Überhaupt: Vielleicht haben manche kulturellen Größen nicht wirklich existiert, sondern sind die Erfindungen unvorbereiteter Lehrer, die sich verselbstständigt haben …

Wenn Sie Lust haben, verfassen Sie ruhig die eine oder andere Erzählung oder Novelle des von Ihnen geschaffenen Meisters, eine schöne Stilübung auch für Sie. Gebannt wird die Klasse Ihrem Vortrag lauschen und das Werk sodann zu interpretieren wissen, dass Ihnen Hören und Sehen vergeht. Die Enthüllung Ihrer Schandtat wird Ihren Schülern vor allem für einen Sachverhalt die Augen öffnen: dass man sie ganz schön leicht aufs Glatteis führen kann.

SURVIVAL-TIPP: KATASTROPHEN-MANAGEMENT

Nicht nur die ganz alltägliche Schule ist manchmal eine Katastrophe. Es gibt noch Steigerungen, da hin und wieder strapazierende Einzelkatastrophen hinzukommen und den armen, ohnehin gebeutelten Pädagogen unvorbereitet treffen. Damit Sie sich von solchen Ereignissen nicht die gute Laune nehmen lassen, hier ein paar Tipps, wie Sie auch diese brenzligen Situationen bravourös meistern können.

Der Schulrat kommt

Pädagogischer Albtraum: Are your lessons done? Never. Thema »Dienstliche Bewertung«. Wie schön, der Schulrat kommt. Jahrelang schien alles ruhig und friedlich, dann plötzlich, aus heiterem Himmel, die Ankündigung. Und schon in einer Woche. Was mach ich bloß? Keinen blassen Schimmer. Rechtschreibung? Nee, da blick' ich inzwischen selbst nicht mehr durch. Na ja, am besten behandele ich irgendwas Neues, was er nicht so richtig rafft. Mal sehen. Alle Energien richten sich auf die eine

Stunde, der übrige Unterricht läuft unvorbereitet nebenher, oder sagen wir besser spontaner ab als sonst üblich. Dann ist es so weit, ER kommt. Oder SIE. Was für ein Glücksfall, es ist ein mild lächelnder älterer Herr, der die ganze Zeit nur still für sich in der letzten Reihe sitzt, höchstens einmal verhalten mit den Schülern scherzt und nach der Stunde freundlich meint: »Sie sind wirklich ein guter Lehrer!«

Oder es ist eine SIE. Oder, noch schlimmer, ein grimmiger Schnösel, Typ Manager. Von Glück kann in diesem Fall keine Rede sein. Sie unterbrechen schon in den ersten zehn Minuten, stören durch dumme Zwischenbemerkungen, fallen Ihnen sogar ins Wort, korrigieren Sie vor der Klasse, schwärzen Sie in der Schlussbesprechung bei der Rektorin wahlweise als Emanze oder Frauenfeind (SIE) oder unvorbereitet und unprofessionell (ER) an und sind offensichtlich ebenso inkompetent wie borniert. Das abschließende Urteil: »Warum Sie Lehrer geworden sind, wissen Sie wohl selbst nicht!« Wie? Was? Puh! Sie wachen und atmen erleichtert auf, alles war diesmal nur ein böser Traum, kein Besuch in Aussicht, alles alltäglich. Aber Sie lieben ja wohl den Horror. Sonst wären Sie schließlich kaum Lehrer geworden.

Viel Spaß auch zu Hause:
Der Elternbesuch

Sechs Stunden Unterricht, davon zwei in der 5b, der Chaoten-truppe schlechthin. Die Nerven sind dünn wie Spinnweben. Endlich ist es Mittag. Ab geht's nach Hause. Schlagkaputt haben Sie sich die Treppe hoch geschleppt, die Wohnungstür aufgeschlossen. Ach ja, auch das noch. Ging etwas hoch her gestern.

Überall leere Flaschen, Gläser, Aschenbecher voller Kippen, ein offenes Glas mit Heringen vom Frühstück, in dem die Katze angelt. Werners alte Socken auf dem Boden, überall Zeitschriften, der Müll steht im Flur, vier Tüten, alles quillt über. Das Katzenklo stinkt still vor sich hin. Scheißegal, jetzt erst mal ins Bett. Nachher um drei kommt die Putzfrau. Was für ein Glück. Da plärrt das Telefon. Ob sie mal eben vorbeischauen könnte, fragt Frau Hinze an, sie hätte da eine Nachfrage wegen der Klassenfahrt. »Ja, aber …« wollen Sie sagen, doch zu spät, sie hat schon aufgelegt. Und sie wohnt gleich gegenüber, nur über die Straße. Wie schön, wenn der Kontakt zwischen Elternhaus und Schule so direkt und unkompliziert ist! Was nun? Einfach nicht aufmachen? Geht nicht, das gibt 'nen Heidenärger! Was die wieder überall rumtratschen wird. Draußen auf dem Treppenabsatz …? Schon ganz gut, aber beim letzten Mal hat sie sich auch reingedrängt. Nee, da hilft nur eine Blitzaktion. Es geht um Sekunden. Fenster auf, damit sich der Mief verziehen kann. Das Tablett! Verdammt, wo ist es denn wieder? Hinterm Fernseher, auch gut. Flaschen, Gläser einsammeln, Aschenbecher dazu. Der Staubsauger, Stufe 25, einfach alles einsaugen. Auch die Katze, die Heringe und Werners Socken. Toll, die moderne Technik. Den Abfall in den Schuhschrank, fertig. Und was stinkt hier so abartig? Ach ja, das Katzenklo! Schnell nach unten damit, ausleeren.

»Oh … Guten Tag, Frau Hinze! Die Haustür war offen? Nett, Sie zu sehen. Leider kann ich Ihnen nicht die Hand geben, Sie verstehen, das Katzenklo. Ob Sie stören? Ob es mir jetzt nicht passt?«

Von diesem Moment an brauchen Sie nur noch freundlich nickend Frau Hinzes Monolog über ihre Erfahrungen auf ihrer eigenen Klassenfahrt anzuhören, damals, als Kohl noch Kanzler und die Welt noch in Ordnung war, und hin und wieder ein bestätigendes »Ja ja« oder »Das sehe ich genauso« einzuflechten. Das müffelnde Katzenklo, welches Sie natürlich nicht aus der Hand nehmen, und die überquellenden Mülltonen, die bereits seit zwei Wochen nicht mehr geleert wurden, tun ihr Übriges, um das Gespräch auf gerade noch erträgliche fünf Minuten zu reduzieren.

Unterrichtsfach Styling + Outfit?

Sollte die Schule sich nicht an den Interessen der Schüler orientieren? Und was haben SchülerInnen nach Verlassen der Grundschule nahezu ausschließlich im Kopf? Ja gut, Smartphones, WhatsApp und die neuesten You-Tube-Videos nehmen einen gewissen Raum ein. Aber den Großteil freier intellektueller Kapazität nimmt eine einzige Sache in Anspruch, die besonders weibliche Jugendliche in erstaunlichem Maße interessiert: Klamotten.

Das Problem: Wann ist ein Lehrer schon mal bei H&M oder bei Abercrombie & Fitch, wenn er nicht eine schwer pubertierende Tochter hat? Nicht nur, dass es jedem Pädagogen mittleren Alters Probleme bereitet zu verstehen, dass man mit der Planung und Anschaffung von Fummeln seine komplette Zeit verbringen kann. Auch die Terminologie der neuen Modeanbieter macht Pädagogen schwer zu schaffen. Wer erklärt ihnen, was ein »Sweater« ist (ein Schwitzhemd für Waldarbeiter)? Was bitte ist »argyle cardigan«, was ein »v-neck«? Rätsel über Rätsel. Und wie bringt man seine Schülerinnen dazu, die Hausaufgaben halbwegs vollständig zu erledigen, statt den Nachmittag in den Fußgängerzonen vor den Tempeln der Haute Couture zu verbringen?

Dies sind leider alles Fragen, die selbst Spitzenwissenschaftler bis heute nicht wirklich beantworten oder gar lösen konnten.

Deshalb sollten Sie das lieber auch gar nicht erst versuchen. Aber folgender Gedankengang wird dafür sorgen, dass ein eventuell vernichtendes modisches Urteil Ihrer Schüler an Ihnen abgleitet wie die Vernunft an einem EU-Kommissar. Trugen Sie nicht immer mit Begeisterung diesen neckischen kleinen Hut? Mittlerweile heißt er Trilby-Hut und Roger Cicero trug ihn und Jan Delay sieht man kaum noch ohne. Sie sind ein Trendsetter! Eine andere Kopfbedeckung: die Schlägermütze. Sie schützten damit Ihr spärliches Haupthaar schon vor vielen Jahren vor den Unbilden der Witterung – was hat man über Sie gelacht! Heute traut sich kein progressiver Künstler mehr oben ohne in die Öffentlichkeit. Ihr nächster Coup: Sie wissen bereits, dass die Socken-Sandalen-Kombi, die Sie immer tragen, der angesagte Trend von morgen ist, und eines Tages werden Sie als Erfinder dieses zeitlosen Outfits gefeiert werden …

Sie können natürlich auch vor dieser großen gestalterischen Aufgabe kneifen und lieber wie jeder Öko-Spießer in Karo-Hemd und Jeans zum Dienst antreten. Mag sein, dass Ihre Unterrichtsstunden dann ruhiger verlaufen werden, aber bringen Sie Ihre Schüler damit nicht um die so wichtigen optisch-modischen Reize, die massive ästhetische Irritation, die junge Menschen für die Zukunft prägen kann?

Spitzenveranstaltung: Der Lehrerausflug

Industriebetriebe, Mittelstandsfirmen, sogar Ärzte mit ihren Sprechstundenhilfen genießen ihn – den Betriebsausflug. Warum sollten Lehrer da in irgendeiner Weise zurückstehen? Nein, den lassen sie sich nicht nehmen, diesen ganz großen Spaß!

Und außerdem ist ja unterrichtsfrei. Damit Sie auch diesen Höhepunkt im Dasein einer jeden Lehrkraft uneingeschränkt genießen können, hier der typische Ablauf eines solchen Ereignisses:

Das Kollegium der Gottlieb-Daimler-Gedächtnis-Schule in Murbach an der Wietsch findet es selbstverständlich, dass dieser Tag etwas ganz Besonderes werden soll. Und wie immer, wenn mehrere Menschen etwas ganz besonders gut machen wollen, gründen sie einen Ausschuss, in diesem Falle ein dreiköpfiges Team: Leitung Frau Schwach-Aufdemhorst (Mathelehrerin, zuständig für die Organisation), Frau Dr. Deckel als KvD (Kreative vom Dienst) und Herr Bolz (Sport). Sie ringen um Eingebungen für einen originellen Festablauf, und das hat diese Kette von Ereignissen zur Folge:

9:30 Uhr – Nach einem Treffen im Gasthof »Deutsche Eiche« mitten im Heimatort, dessen Festsaal von Frau Schwach-Aufdemhorst mit lustigen Girlanden aus 100-Prozent-Öko-Recycling-Papier geschmückt wurde (wie umweltbewusst), begrüßt der Gastwirt alle Gäste mit einem Frühstückskorn. Es können auch ein paar mehr werden, so auf Vorrat.

10:15 Uhr – Es folgt die Ortsbegehung unter Begleitung des Pfarrers mit Einsegnung der Schule (vielleicht hält das die Baufälligkeit noch eine Weile auf).

12:00 Uhr – Es folgt das Mittagessen, das die Rektorin selbst gekocht hat: Sardellen in Anchovispaste, danach Tofu-Brätlinge in Quallenschaum und als Dessert echtes Aloe-vera-Parfait an Kriechendem Günsel.

12:15 Uhr – Herr Dr. Fernemann und Herr Sigert verschwinden in die Pommesbude am Ortsausgang, jeder nimmt zwei Portionen Currywurst und Fritten.

14:30 Uhr – Beim nachfolgenden Kaffee bei Frau Dr. Deckel mit selbstgebackenem Streuselkuchen nach einem einige Jahrhunderte alten Familienrezept (so schmeckt der Kuchen auch …) und Chicorée-Wurzel-Kaffee flieht das halbe Kollegium …

14:50 Uhr …, allen voran Herr Dr. Fernemann und Herr Sigert, in die freie Natur, um zu rauchen.

15:30 Uhr – Sportlehrer Bolz beginnt mit Zirkeltraining, lockeres Jogging mit Gymnastikübungen, der dicke Herr Grundmann keucht wieder engagiert mit, gefolgt von den Ortsvertretern des Roten Kreuzes im Rettungswagen, die das Schlimmste befürchten.

16:45 Uhr – Kreativität verbindet. Frau Dr. Deckel ruft wieder einmal zum gegenseitigen Schminken auf (wie kommunikativ). Danach gehen alle in voller Bemalung in die »Deutsche Eiche«. Die Katze des Wirts schießt senkrecht an der Wand hoch, als das geschminkte Kollegium den Schankraum betritt, und Bauer Borsig an der Theke bekreuzigt sich und ruft: »Jesses Maria!«

17:00 Uhr – Nun folgt, wie die Frau Rektorin immer sagt, ein lustiger Umtrunk. Es handelt sich dabei um eine ausführliche Erkundung der Alkoholvorräte in der »Deutschen Eiche«.

20.00 Uhr – Alle brechen zum Survival-Dinner auf, das Frau Schwach-Aufdemhorst vorbereitet hat. Rein vegetarisch, sehr ökologisch und das Bewusstsein für den Hunger in der Welt schärfend, sagt sie. Das Menü besteht aus Bärlauchblättern, Regenwürmern, Birkenrinde und Wasserpflanzen, Zutaten, die das Kollegium allerdings zuerst noch besorgen muss (wie unterhaltend).

20:35 Uhr – Weil die Kollegen nur eine Handvoll Regenwürmer finden, gehen sie zurück in die »Deutsche Eiche« und bestellen dort 16 Abendessen für das ganze Kollegium.

21.00 Uhr – Es gibt Sauerbraten mit Knödeln und Rotkohl (auch was Feines).

21:30 Uhr – Es folgt der inoffizielle Teil des Abends. Frau Schlicht-Öhlich wettet, beschwipst, wie sie ist, mit Herrn Bolz, dass der die Regenwürmer nie runterbringen würde. Die Würmer haben sich aber wieder dünne gemacht (wie schlau). Als Ersatz verspeist Herr Bolz die Tischblumen mit Senf. Das Kollegium lacht einvernehmlich, nur der Wirt guckt komisch.

22:15 Uhr – Alle finden alles lustig, und auch die ebenso hinterlistigen, akustisch beeindruckenden wie auch geruchsbehafteten Verdauungsäußerungen von Herrn Bolz, der wohl bisher nicht wusste, dass er unter einer Tischblumen-mit-Senf-Unverträglichkeit leidet, werden mit Applaus bedacht.

0.12 Uhr – Die meisten sind schon nach Hause gegangen, nur Herr Grundmann, Frau Schlicht-Öhlich, Frau Schwach-Aufdemhorst und Junglehrer Hunnewipper sind noch da. Der liegt allerdings unter dem Tisch und lallt etwas von einer »komplett verrückten Bande von Vollidioten« und dass er doch wohl besser BWL studiert hätte ...

Auf Entdeckungsreise: Klassenfahrten

Bestimmte Ereignisse im schulischen Alltag, die der nichts ahnende Durchschnittsbürger zu den Privilegien des Lehrerberufes zu zählen pflegt, sind in Wirklichkeit jeweils ein weiterer Nagel zum Sarg eines überlasteten Erziehers, falls er das Vorhaben nicht mit der richtigen Einstellung angeht. Entdeckergeist, Risikobereitschaft und Freude an Chaos und Wahnwitz sind die drei Hauptqualifikationen, die Lehrer auf Klassenfahrt brauchen ...

Sieben Nächte unter Wilden:
Die Klassenfahrt des Lehrers Lukas Pütz

9. August. – Morgens um 7.00 Uhr. Aber die Welt ist keineswegs mehr in Ordnung. Denn die 9c möchte abfahren zur Klassenfahrt. Das heißt, sie könnte es sogar, wenn Doris Geiger rechtzeitig aus der Falle gekommen wäre. Ist sie natürlich nicht, und so warten Junglehrer Lukas Pütz und 24 Schüler auf dem Busbahnhof. Erst der telefonische Weckruf von Lehrer Pütz bringt Doris aus den Federn. Sie verspricht, das morgendliche Aufstylen auf ein Minimum zu beschränken, und will schon in ein, zwei Stündchen einlaufen. Die Flüche, die Lukas Pütz nach diesem Telefonat ablässt, sind alles andere als jugendfrei.

8.45 Uhr – Immer noch Busbahnhof. Der Busfahrer nimmt sein zweites Frühstück in der Bahnhofsgaststätte ein. Schließlich ist er ja seit 5.00 Uhr auf den Beinen. Lukas Pütz soll es recht sein, er hat sowieso zunächst einmal Patrick Häsler zu versorgen, denn dem ist schlecht. Kein Wunder, Patrick hat seine für die mehrstündige Busfahrt bestimmten Vorräte an hochkalorischen Nahrungsmitteln auf einen Satz gefressen. Nun ist er dem Tode durch Übersättigung nahe. Damit es Lukas Pütz nicht etwa langweilig wird, randalieren die Zwillinge Justin und Marcel Bommelköpper hinten im Bus. Sie haben ihrem Vater eine Flasche Tequila entwendet und grölen lautstark herum, dass es eine Pracht ist. Der greise Religionslehrer Mehlhoser, der als zweite Aufsichtsperson mitreist, hält die Geräuschkulisse dank seiner Schwerhörigkeit für folkloristisch und beginnt mit dem Absingen seines langjährigen Kult- und Hammer-Hits aus den Charts der Volksmusik: »Lebt denn der alte Holzmichel noch ?«

Frau Milb-Enniger verabschiedet sich bereits seit 7.30 Uhr von ihrem Töchterchen Melanie, dem sie eine Großpackung Kondome und einige wichtige Erotiktipps mit auf Reisen gibt. Frau Homann, die dritte Begleitperson, versucht seit etwa einer Stunde, ihre Schäfchen zu zählen, muss aber immer wieder von Neuem beginnen, weil alle durcheinander laufen.

9.27 Uhr – Doris Geiger läuft ein, aufgetakelt wie eine Fregatte zum venezianischen Karneval. Unter erfreutem Gejohle der männlichen Schülerfraktion besteigt sie den Bus, zeigt dabei gefährlich viel Bein und sinkt mit Marcel (II) Ackermann in die Polster. Lukas Pütz hat keine Zeit, sich um derlei Abläufe zu kümmern. Er hilft Patrick Häsler dabei, die eben verzehrten Nahrungsmittel wieder von sich zu geben.

10.12 Uhr – Der Bus könnte abfahren, denn, kaum zu glauben, alle sitzen (oder liegen) dort, wo sie sein sollten. Patrick hat seine umfangreiche Magenentleerung beendet, Marcel (II) hat bereits mit der Erkundung der unerforschten weißen Flecken und Feuchtgebiete von Doris Geiger begonnen, und die Zwillinge Justin und Marcel (I) Bommelköpper liegen absolut abgefüllt in der letzten Sitzreihe, duften wie eine ganze Brauerei und schnarchen – aber der Fahrer fehlt. Timo und Gordon, die der Klassenlehrer zur Fahndung aussendet, landen zwar zunächst im Pornokino an der Ecke, kehren aber nach etwa einer halben Stunde mit der Nachricht zurück, der Fahrer sei absolut zu, weil er einen alten Kollegen getroffen und mit diesem flüssig gefrühstückt habe.

11.03 Uhr – Mit vereinten Kräften tragen acht Schüler der 9c ihren Chauffeur ins Fahrzeug und legen ihn zu den Alkoholleichen in die letzte Reihe. Lukas Pütz ist dem Wahnsinn nahe und setzt sich verwerflicherweise selbst ans Steuer. So gerade noch erreicht Religionslehrer Mehlhoser das Trittbrett und springt auf. Er hatte beim Pornokino an der Ecke ein wenig die sittlichen Gefährdungen seiner Schäfchen studieren wollen und war dabei vor den Schaukästen in tiefer Meditation versunken.

12.56 Uhr – Der betrunkene Busfahrer erwacht, fühlt sich in seiner Berufsehre gekränkt und verdrängt Lukas Pütz augenblicklich vom Steuer. Die nächsten Kilometer durch kurvenreiches Mittelgebirge werden so zum unvergesslichen Abenteuer. Justin und Marcel Bommelköpper schnarchen noch immer auf der Rückbank.

Überspringen wir hier ein paar Punkte im Protokoll. Zum Beispiel, dass Marcel (II) bei Doris noch recht erfolgreich war und Lukas Pütz deshalb lustvolles Stöhnen im Gotthardtunnel zu unterbinden hatte, das – echt und/oder nachgeäfft – minutenlang durch den dunklen Bus schallte. Vergessen wir auch, dass Justin Bommelköpper, aus dem Rausch erwacht, augenblicklich Selbstmord zu begehen wünschte, wovon ihn allerdings eine Kopfschmerztablette in relativ kurzer Zeit abbringen konnte. Vergessen wir auch, dass Frau Homann während der ganzen Fahrt unentwegt auf Lukas Pütz einredete und über die Erfahrungen mit ihrer umfangreichen Großfamilie sowie bei ihren Klassenfahrten vergangener Tage berichtete. Das also ist verbaler Durchfall, dachte Lukas Pütz. Vergessen wir all dies, auch, dass Religionslehrer Mehlhoser an der Grenze mit Blick auf das Schweizer Bergpanorama feststellte, dass das Deutsche Reich doch wirklich das schönste Land auf der Welt sei – sehr zur Freude des Schweizer Zöllners. Schwamm drüber, denn was dann kommt, übertrifft die Ereignisse der bisherigen Anreise um einiges.

Schon die Ankunft, etwas außerplanmäßig um 3.15 Uhr, bringt gewisse Probleme mit sich. Als erste Aufsichtsperson ist es die Aufgabe von Lukas Pütz, zunächst Friedel, den Bernhardiner des Bergbauernhofs und Schullandheims »Eigerblick«, von seiner Harmlosigkeit zu überzeugen, was ihm bedauerlicherweise erst nach dem Verlust von Teilen seiner Hose gelingt. Zur Entschuldigung für die etwas raue Begrüßung springt Friedel nun an Lukas Pütz hoch, wirft ihn auf den Rücken und bearbeitet ihn einige Minuten mit seiner wischlappengroßen Zunge. Danach glaubt Lukas Pütz, alle Anfechtungen überstanden zu haben, und sieht bereits einladende karierte Bauernbetten vor seinem geistigen Auge, da muss er sich erinnern: Es sind ja noch 25 nette Schüler und Schülerinnen bei mir. Frau Homann und Herrn Mehlhoser nicht zu vergessen. Ach, wenn sie doch nur alle bei ihm wären! Marcel und Justin Bommelköpper hatten nach ihren alkoholischen Exzessen nun alpinistische Erfahrungen im Sinn und sind, während Lehrer Pütz recht intensiv mit dem Bernhardiner kommunizierte, zu einer nächtlichen Bergwanderung mit Gipfelbesteigung aufgebrochen. Weit schallt ihr Jodelschrei durch das nächtliche Tal und lässt Lukas Pütz das Blut in den Adern gerinnen. Zeit, ihnen zu folgen, hat er jedoch nicht, weil nun der Bergbauer aufgewacht ist und eine endlose Tirade von folkloristischen Beschimpfungen und gutturalen Flüchen bezüglich der etwas verspäteten Ankunft absondert. Lukas Pütz erwidert etwas dünn: »Äh, wir hatten unterwegs einen Stau!«

Ein ganz beachtlicher Trieb-Stau scheint derweil bei Doris Geiger vorzuliegen, die mit Marcel (II) im Heuschober verschwinden will, konspirativ verfolgt von ihren Klassenkameraden Timo und Gordon, deren Qualifikationen wie bereits bekannt auf voyeuristischem Gebiet zu liegen scheinen.

Patrick Häsler hat mittlerweile die Speisekammer des Schullandheims entdeckt und frisst, bis er schwarz (und später ganz grün im Gesicht) wird. Dank Justin und Marcel Bommelköpper lernt Lukas Pütz noch in derselben Nacht die netten Herren von der Bergrettung kennen und erhält einen Einblick ins örtliche Krankenhauswesen. Als er endlich gegen 7.30 Uhr in die Federn sinken will, erschallt des Bergbauern froher Morgenruf: »Aufstehen, allemiteinoand, 's gibt Müsli!«

Die folgende Woche verbringt Lukas Pütz mit abwechslungsreichen Tätigkeiten:

- die Jungen davon abhalten, die Mädchen seiner und anderer Klassen nächtlich zum zarten Liebesspiel heimzusuchen;
- alpine Exkursionen verfolgen und abgestürzte Schüler einsammeln sowie Viertausender besteigen, weil seine Schüler unvergessliche Erlebnisse mit nach Hause nehmen sollen;
- zittern und bangen, dass Doris Geiger nichts Unvergessliches von Marcel Ackermann mit nach Hause nimmt;
- die aufgebrachten Einheimischen davon überzeugen, dass es sich bei den Schandtaten seiner Schüler (abgesägtes Gipfelkreuz, entgleiste Bergbahn, abgelassener Stausee) um nette Schülerstreiche handelt;
- die Termine für Frühstück, Mittagessen und Abendbrot im Auge behalten.

Einen Termin behält Lukas Pütz jedenfalls mühelos fest im Auge: den der Abreise.

SURVIVAL-TIPP: ELTERN

Nur mit Mühe gelingt es Lehrern, die Eltern ihrer Schüler von den überaus lustigen Ereignissen in der Schule fernzuhalten – sie wollen ja auch ihren Spaß. Außerdem sind Eltern Experten, nämlich für die Erziehung ihres Nachwuchses, den niemand so genau kennt wie sie. Zu Hause tanzen ihnen die Kindermonster zwar selbst auf der Nase herum, aber warum nicht mal die Lehrer mit klugen Ratschlägen bedenken? Damit diese von den reichen Erfahrungen in Erziehungsfragen profitieren können, gibt es den Elternsprechtag. Sich darauf vorzubereiten ist praktisch unmöglich. Also lassen Sie es lieber, schließlich haben Sie in Ihrer Freizeit Besseres zu tun. Dennoch ist es durchaus hilfreich zu erkennen, welcher Elterntyp gerade vor einem sitzt, damit Sie entsprechend mit ihm umgehen können.

Elterntyp 1: Mein Kind, das verkannte Genie!

»Damit Sie mich ja nicht falsch verstehen, überheblich waren wir in unserer Familie noch nie! Nie! Aber schon Onkel Albert hatte 1932 in der Schule immer nur Einser! Immer nur Einser! Keine einzige Zwei. Und Erwin, der Schwager meiner Schwester, der ist sogar Universitätsangestellter! Ja, und unser Kevin, der war schon immer etwas Besonderes. Ein richtiger kleiner Einstein! Schon in der ersten Klasse konnte er seinen Namen schreiben und schon ein paar Monate später den ganzen Busfahrplan auswendig. Unser Kevin, der hat was auf'm Kasten! Aber in der Schule, da wurde er ja immer nur untergebuttert.

Erst in der Grundschule, bei dieser Frau Zibulla, nein, ich sage Ihnen, was die dem Jungen für Schwierigkeiten gemacht hat, aufs Gymnasium zu kommen! Aber er hat es ja doch geschafft! Bei Ihnen macht er sich doch sicher gut, unser Kevin ... Nein? Nicht? Das verstehe ich nicht. Vielleicht sollten Sie ihn geistig mehr fordern, ihm schwierigere Aufgaben geben, mal das Telefonbuch auswendig lernen oder so. Wie, er ist schon jetzt völlig überfordert? Also nein, das kann nicht sein! Für die Hausaufgaben braucht er zu Hause keine fünf Minuten! Die macht er mit links! Was? Wie meinen Sie das, so sehen die auch aus? Ich glaube, Sie mögen unseren Kevin einfach nicht, wie alle anderen Arschpauker auch! Genau, das ist es, Sie, Sie ... Der ist viel zu helle für den Saftladen hier!«

UMGANGSTIPP:

Sie wissen natürlich, dass Kevin nicht gerade der Hellste ist und dass er seine Hausaufgaben nur deshalb in unter fünf Minuten schafft, weil er sie erst gar nicht macht. Und wenn Sie sich Kevins Vater so ansehen, verstehen Sie auch, woher der Junge sein außergewöhnliches intellektuelles Potenzial hat. Die Idee des Vaters, den Jungen mehr zu fordern, sollten Sie unbedingt realisieren, werden Sie ihn mit einer guten Portion Überforderung doch mit Sicherheit im nächsten Schuljahr zum Problem eines anderen Pädagogen machen.

Elterntyp 2: Hauen Sie ihm ruhig mal was um die Ohren!

»Holzmann mein Name, der Vater von Olaf Holzko... äh, Holzmann, höhö! Das ist dieser freche Bengel mit die Knollennase, höhö! Ach so, Sie kennen ihn? Ach ja, höhö! Mit seinen Leistungen sind Sie so weit zufrieden? Das hört man gern, höhö! Nur mit seiner Disziplin ... ah so! Er stört den Unterricht? Lässt nicht mit sich reden? Ach wissen Sie, höhö, so schlecht ist der Junge ja eigentlich nicht, nur manchmal juckt ihm eben das Fell. Hauen Sie ihm doch ruhig mal so richtig eine runter, mit den besten Grüßen von sein Vatter, das braucht der Jung manchmal! Das kennt der auch von zu Hause ...«

UMGANGSTIPP:

Ihr innerer Steinzeitmensch fände es vielleicht verlockend, Olaf mal manuell Manieren einzumassieren, aber das bringt, wie Sie ja wissen, nichts als Scherereien. Auch davon, Olafs Vater stellvertretend eine vor den Bug zu knallen, ist dringend abzuraten, denn er ist vermutlich stärker als Sie, der alles andere als durchtrainierte Schreibtisch-Rambo. Also lassen Sie den Mann reden. Nicken Sie einfach an passenden oder unpassenden Stellen, lächeln Sie und denken Sie an etwas Schönes – an ein Kettensägen-Massaker oder an Raketenwürmer unter dem Schulhof, die Ihre Probleme quasi in der großen Pause lösen.

Elterntyp 3: Also ich weiß auch nicht mehr, was ich da machen soll ...

»Hach, Herr Studienrat, das ist wirklich ein Kreuz mit dem Mädel, so ein Kreuz, sage ich Ihnen! Was hab ich nicht alles probiert! Mit Geld und guten Worten, den neuen Wagen hab ich ihr geschenkt, Kleider aus den besten Häusern, aber sie tanzt mir auf der Nase herum! Zuerst mit diesem Bommelköpper, Sie wissen schon, dieser fiese Junge aus der Asozialensiedlung, mit dem sie sich immer im Stadtpark getroffen hat ... Und jetzt dieser unmögliche Ausländer, dieser Mehmed, wie der schon riecht! Ich weiß auch nicht mehr, was ich da machen soll. Ich soll sie mal machen lassen, sie ist ja volljährig? Aber, aber, das kann doch nicht Ihr Ernst sein! In unseren Kreisen ... Schließlich ist mein Mann Hausmeister bei der Stadtverwaltung!«

UMGANGSTIPP:

Wenn diese Mutter nicht mehr weiß, was sie tun soll, woher sollten Sie es dann wissen? Sie sind schließlich kein Hellseher und, na ja, in den Beruf als Erzieher sind Sie irgendwie ... reingerutscht. Um die unerträglichen Jammertiraden aber möglichst schnell zu beenden, bieten Sie der Frau doch das übrig gebliebene Stück Kuchen von der Geburtstagsfeier des Kollegen Müller an – trocken und bröselig wie ein Steinschlag im Tal des Todes in der Mojave-Wüste. Wenn sie dann den Mund so richtig voll hat und ihr verbaler Durchfall zu einem Ende gekommen ist, machen Sie ihr klar, dass ihre Tochter durchaus das Zeug hat, es ihrem Vater in Bezug auf die Karriere gleichzutun. Eine schöne Lösung für beide Teile!

Elterntyp 4: Mein Großonkel ist beim Schulaufsichtsamt!

»Nein, wie Sie ihre Leistungen einschätzen, das weiß ich ja. Da irren sich alle Lehrer seit Jahren. Wie ich das meine? Sie ist besser, viel besser ... mindestens im oberen Drittel der Klasse. Unterer Durchschnitt? Versetzungsgefährdet? Haha, das weiß ich als Vater besser, das können Sie ja auch nicht richtig beurteilen, bei der Ausbildung, ich bitte Sie! Was ich mir erlaube? Ach, nichts weiter, ich bin auch eigentlich nicht gekommen, um mit Ihnen zu diskutieren, wissen Sie ... Na, nun regen Sie sich doch nicht gleich so auf! Ich wollte Ihnen nur einen wohlgemeinten Rat geben, einen Hinweis, der Ihnen manchen Ärger ersparen kann ... Wie ausgerechnet ich Sie vor Ärger bewahren will? Ja, wissen Sie, der Großonkel meiner Frau, müssen Sie wissen, der ist beim Schulaufsichtsamt, Ihr Vorgesetzter sozusagen, und wenn der mal in Ihre Personalakte ... Erpressungsversuch? Aber hören Sie mal, ich will doch nur Ihr Bestes. Ich meine, Sie haben doch gerade gebaut, und da sind Sie doch sicher auf jeden Cent angewiesen, und bei Ihrer Vergangenheit als Student in dieser aggressiven Umweltschützervereinigung, da brauchen Sie doch einen gewissen ... Schutz, nicht? Sehen Sie, wir verstehen uns schon, Sie wollen doch sicher Beamter auf Lebenszeit werden. Wie ich mir das jetzt gedacht habe? Na ja, so an einen kontinuierlichen Leistungsanstieg habe ich gedacht, an eine Verbesserung durch stetige fleißige Arbeit!«

UMGANGSTIPP:

Und noch ein Elternteil, der seinen Sprössling völlig zu Unrecht für den nächsten Einstein hält. Natürlich ist hier der Hinweis auf den Großonkel im Schulaufsichtsamt etwas ärgerlich. Nur gut, dass Sie den Mann schon getroffen haben und wissen, dass er ein kleines Alkoholproblem und vermutlich Wichtigeres zu tun hat, als Ihnen auf die Finger zu klopfen. Und hatten Sie nicht kürzlich ganz zufällig im Lehrerzimmer gehört, dass dieser engagierte Vater ein kleines steuerliches Problem haben könnte? Eine bescheidene, aber nicht unbedeutende Spende für den Lehrmittelfundus der Schule könnte Sie vielleicht davon abhalten, Ihre Tante bei der Finanzverwaltung darüber in Kenntnis zu setzen. Obwohl – die würde sich freuen, mal wieder von Ihnen zu hören! Das mit der Verbeamtung auf Lebenszeit bekommen Sie hin – auch ohne die »Hilfe« dieses Elternteils.

Elterntyp 5: Ich habe Ihnen da eine Kleinigkeit mitgebracht …

»Darf ich … ja, äh … guten Tag, Herr Studienrat, ich wollte einmal schauen … man muss ja sehen, dass der Kontakt zwischen Schule und Elternhaus nicht abreißt. Äh, Moment, ich habe Ihnen da eine Kleinigkeit mitgebracht, weil unsere Melanie immer so von Ihnen schwärmt, was für ein guter Lehrer Sie doch sind. Und jetzt, wo sie doch so schwach ist in Mathematik, da wollte ich einmal schauen … Ja, es ist nur eine ganze Kleinigkeit, ich meine, so als Anerkennung, es ist ein Buch, bitte schön! Wie? Was der Fünfhunderter zwischen den Seiten soll? Bestechungsversuch? Aber ich weiß auch nicht, wie der da hinein kommt …!«

UMGANGSTIPP:

Ein Buch! Ein weiteres Buch ist wirklich das Letzte, was Sie in Ihrer anstrengenden beruflichen Situation benötigen. Für angenehme Lesestunden haben Sie als engagierter Pädagoge keine Zeit. Geben Sie es einfach zurück. Außerdem könnten andere Eltern meinen, dass Sie sich durch unangemessene Geschenke in der Bewertung von Melanies unterirdischen Mathekünsten beeinflussen lassen. Nein, nein, nicht mit mir, sollten Sie sich sagen. Der Geldschein? Welcher Geldschein? Tut mir leid, ich habe keinen Geldschein gesehen … Was unterstellen Sie mir da? Wir aufrechten Jünger Pestalozzis nehmen nichts an – nicht einmal Vernunft! Kleiner Scherz am Rande … hähähä!

Elterntyp 6: Das hat er von mir!

»Tachchen, Herr Goldberger, Tachchen, na, alles in Butter? Nein? Hoho, kann doch gar nicht sein! Unser Berni, das ist doch ein Goldjunge, immer lustig, ganz der Vater, immer einen Scherz auf den Lippen! Zu viele Scherze? Er stört den Unterricht? Erst letzte Woche hat er drei Stinkbomben geworfen? Hohoho! Köstlich, einfach köstlich! Nun seien Sie mal nicht so kleinlich! Das hat er von mir, das ist erblich bedingter Optimismus! Ein Witzbold und ein Scherzkeks ist der Junge, sage ich Ihnen! Der wird es mal zu was bringen! Immer guter Laune, immer optimistisch! Seine Zukunftsaussichten sehen so rosig nicht aus? Kein Grund zu Optimismus? Hoho, das hat er von mir! Heinz Werner, hat unser Lehrer immer gesagt, aus dir wird nie was Rechtes!«

UMGANGSTIPP:

Endlich mal ein Vater, der von Leistungsstress und überzogenem Karrieredenken nichts hält und sein positives Weltbild an den Nachwuchs weiterzugeben versucht. War es nicht das, was Sie als Pädagogikstudent und Junglehrer immer gepredigt haben: eine heitere, unbeschwerte Kindheit voller Spiel und Spaß? Damit dürfte Vati doch ganz auf Ihrer Linie liegen, Sie antiautoritäres Fossil!

Elterntyp 7: Das ist doch Ihr Job!

»Ich verstehe gar nicht, was Sie von mir wollen. Schließlich sind Sie doch der Lehrer, und von dem Zeuch, das Sie in der Schule unterrichten, hab ich nicht den geringsten Schimmer. Wer wird denn fürs Unterrichten bezahlt, Sie oder ich? Na also! Ich werde doch in meiner knappen Freizeit nicht auch noch meine Kinder erziehen!«

UMGANGSTIPP:

Geben Sie ihm Fünf und nennen Sie ihn Bro! Der Mann liegt ganz auf Ihrer Linie. So, wie er als Vater mit Kindern nichts am Hut hat, geht es Ihnen doch auch. Schließlich sind Sie aus Gründen Lehrer geworden, die auf der Hand liegen: verlässliches Einkommen, quasi automatische Karriere, maßlos viel Freizeit und auf Wunsch früher Ruhestand. Den Beruf haben Sie aber sicher nicht gewählt, um Kinder zu erziehen – genau genommen finden Sie Kinder jeder Altersstufe nervig, lästig, anstrengend und extrem ermüdend. Und was ist zu tun, wenn weder Eltern noch Pädagogen Lust haben? Der betreffende Schüler muss seine Erziehung wohl selber in die Hand nehmen. Er könnte zum Beispiel Sportschütze werden, das stärkt die Disziplin. Oder sich politisch engagieren, da wächst das junge Deutschland heran! Oder einen Internethandel mit ... Badesalz aufmachen, da lernt er gleich das Geschäftsleben kennen. Tausend Möglichkeiten – geht doch! Auch ohne Mami und Papi und schon gar ohne Lehrer ...

Alles in allem eine Unterhaltungsveranstaltung erster Klasse, so ein Elternsprechtag. Wer möchte da schon fehlen?

ANHANG

Was Schüler heute lernen?

Der Stoffverteilungsplan des Lehrers und die tatsächlich erreichten Ergebnisse seines Handelns und des Handelns seiner Kollegen unterscheiden sich deutlich. Schüler lernen heute mit Sicherheit,

- dass man im Team die anderen für sich arbeiten lassen und nachher die Lorbeeren einheimsen kann, wenn man sich medienwirksam präsentiert;
- dass Klamotten und Herkunft alles sind und dass zum Beispiel eine Spende der Eltern im Förderverein das schulische Vorankommen mächtig fördern kann, auf jeden Fall aber eine Nichtversetzung verhindert;
- dass nun die Dümmsten in der Klasse das Sagen haben und nicht mehr die Stärksten, was wenigstens noch einer natürlichen Ordnung entsprach;
- dass Lehrer mit körperlicher Gewalt einzuschüchtern sind, und, weil sie von der Schulbürokratie und dem Staat keine Hilfe erfahren, in unerträglichen Zuständen arbeiten müssen. Ein Wunder, dass sie mehr als den gesetzlich festgelegten Mindestlohn erhalten, nicht wie die anderen Sklaven dieses Wirtschaftssystems.

Ständige Bedrohung:
Die Vornamen der Kinder

Besonders Grundschullehrerinnen und Grundschullehrer leiden unter einer Form von Stress, ja Folter, denn sie müssen täglich Schülerinnen und Schülern gegenübertreten, deren Namen sie kaum auszusprechen wagen, verursacht das doch in vielen Fällen …

Ja, was denn eigentlich? Brechreiz? Falsche Einschätzungen oder gar Vorurteile? Vornamen geben einem Menschen eine Identität, und das gleich ein ganzes Leben lang. Sie rufen beim Gegenüber Assoziationen hervor, auch bei Lehrer oder Lehrerin. Was, bitte, bringt Eltern dazu, ihr Kind immer noch Kevin, Chantal, Justin, Jeremy, Cindy, Mandy, Sandy, Grace oder Yvonne zu nennen, in Zeiten, in denen sich jedermann über Schantalismus und Kevinismus lustig macht?

»Schantalle, mach ma dat Mäh ei!«

»Kevin, komm wech da bei die Assis!«

Ist es Boshaftigkeit, waren es vielleicht keine Wunschkinder? Wissen Vater und Mutter nicht, dass die Schulnoten mit so einem Vornamen gleich um zwei Stufen nach unten gehen können, wenn a) der Lehrer unreflektiert handelt und b) das Kind sich nicht gegen diese Rolle sträubt? Hinzu kommt die neue Tendenz zum Doppelvornamen, und in diesem Fall sind es meist nicht Eltern aus prekärem Hause, die diese Sprachverbrechen begehen. Den Lehrer oder andere Mitmenschen plagen Magenkrämpfe, wenn sie Sydney Shyanne Müller-Kinzelbach, Nelson Joel Gollaschewski, Kim Ashley Klotenbecker-Scholl, Chiara-Charleen Schedlbaur, Louis Etienne Weinberger, Isabella Vivien Bayermann oder Bennet Joel Olischewski beim Na-

men nennen müssen – alle in einer Klasse! Da fallen Sätze wie:
»Jannic-Maximilian, reich doch bitte mal Katlynn-Cheyenne das
Arbeitsblatt rüber, und du, Jolina-Chiara, pack bitte mal deine
Schminksachen weg!«

Wie wehrt man sich als Lehrer gegen derartigen elterlichen
Schwachsinn?

Die Nase voll? Aussteigerpläne

Schließlich, irgendwann nach endlosen Jahren der Schulpraxis,
kommt der tote Punkt. Jetzt genügen Ferien nicht mehr, jetzt
muss alles anders werden, ein neues Leben will begonnen werden. Hach, was freu' ich mich auf den Tag, an dem ich zum
Rektor gehen kann und sagen: »Alfred!« (ihm fällt das Gebiss
raus, weil ich sonst immer ironisch »Herr Direktor« zu ihm sage),
»Alfred, mach deinen Mist alleine! Ich steig aus!«

»Aber mein l-i-e-b-e-r Herr Dr. Schulte-Wiesenegger, wir haben doch immer gut ... ich meine, warum gerade jetzt, so kurz
vor den Stoffverteilungsplänen ...?«

»Keine Diskussion!«, werde ich sagen. »Ich hab die Nase voll
von dem Affenstall! Schluss jetzt! Am Fünfzehnten ist für mich
der Letzte!« »Aber so bedenken Sie doch ...«, wird er sagen,
»die schöne Sicherheit, die Verbeamtung auf Lebenszeit ... Das
können Sie doch nicht alles ...!« »Kann ich nicht?«, werde ich
hochironisch einwenden. »Kann ich nicht? SIE KÖNNEN MICH
MAL! ALLE!«, werde ich feingeistig hinzufügen. Bis dahin allerdings muss ich noch einige Vorüberlegungen anstellen. Mache
ich nun ein deutsches Restaurant auf Fuerteventura auf oder lieber den Antiquitätenladen in Heidelberg? Die Möbel von Tante

Anni, das wäre das Startkapital, die würden die amerikanischen Touristen schon kaufen … Na ja, der Öko-Internet-Teeladen mit Gerhard und Ilse ist auch noch eine Alternative, obwohl ich eigentlich lieber Fair-Trade-Kaffee mag. Ach was, ich geh' an die Börse. Die drei Daimler-Aktien verkauf ich und leg das Geld irgendwie gewinnbringend an. Wenn ich mich da sachkundig mache, ein paar 100 Euro Risikokapital sind immer gefragt. Nur wo soll ich einsteigen? Japanische Telefonaktien, schon wegen der Olympiade 2020 in Tokio ein heißer Tipp, oder indonesische Minenwerte? Optionen auf Palmöl oder auf Schweinebäuche? Puh, nicht ganz einfach. Mal sehen. Dann wäre da noch das Projekt mit dem Therapiezentrum für Lehrer in Patagonien. Ganze Dörfer soll es dort ja fast umsonst geben. Stressabbau, positives Denken und so. Oder doch lieber ein Wellness-Hotel in Velbert … und meinen Roman muss ich auch noch schreiben. Wenn der läuft, brauch ich aufs Geld eh nicht mehr zu gucken. Das Thema ist gut, nur müsste ich langsam sehen, dass ich über den toten Punkt auf Seite fünf hinwegkomme. Ob ich mal Bernd anrufe? Der ist doch im Verlagswesen tätig. Überhaupt, vielleicht kann der mir was beschaffen, Cheflektor oder Verlagsleiter oder so. Da werden Lehrer ja wie verrückt gesucht … ach nee, acht Stunden Schreibtisch, das ist ja noch schlimmer als der Stress jetzt …

Nee … ich mach jetzt erst mal den Segeltörn in die Türkei in den großen Ferien, da hab ich Zeit, da kann ich zu mir selbst finden … obwohl … das wollte ich ja letztes Jahr eigentlich auch! Sicher, da war die Zeit knapp, weil ich diesen Kursus in der Surfschule gebucht hatte, aber dieses Jahr … Hmmm … Da fällt mir ein, Onkel Berthold hat doch diese gut gehende Schafzucht in Aurich, ob der nicht einen Kompagnon braucht … Ach nee, Schafe, die erinnern mich irgendwie an Schule …

Dieser kleine Einblick in die Gedankenwelt eines gefrusteten Lehrers sollte genügt haben, um Ihnen eins zu verdeutlichen: Auszusteigen ist immer eine verlockende Option, doch wie bereits viele ausgestiegene Lehrer herausfinden mussten, sind die meisten anderen Berufe auch kein Zuckerschlecken. Auch werden Sie feststellen, dass jahrelanges Herumreisen nicht nur teuer, sondern auch ausgesprochen anstrengend ist. Und Anstrengung wollten Sie ja immer vermeiden. Anstrengungen vermeiden … Da fällt mir ein, es gäbe da noch eine Alternative: Im Bundestag sitzen schon 27 Lehrer und Lehrerinnen – da muss doch noch ein bequemes Plätzchen für Sie frei sein …

Mit den Eltern reden?

Früher hat man große Stücke auf die Zusammenarbeit zwischen Eltern und Schule gehalten. Der folgende Briefwechsel zeigt, wo Lehrer heute stehen.

Liebe Frau Schlönz-Klapproth,

wie ich Ihnen leider mitteilen muss, hat Ihr Sohn Louis Etienne Schlönz-Klapproth in der letzten Woche den Unterricht nicht nur mehrfach versäumt, sondern auch, wenn er anwesend war, durch unqualifizierte Äußerungen in Wort und Körperfunktion behindert. Zudem erschien er mehrfach ohne die Fertigstellung der Hausaufgaben. Mitschülern gegenüber verhält er sich überheblich bis rücksichtslos. Aufforderungen und Mahnungen beachtet er so

gut wie nie und er missachtet die Autorität
seines Mathematik- und Klassenlehrers.
Wenn er sich weiterhin im Unterricht
derartig uninteressiert zeigt, werden Sie als
Erziehungsberechtigte die Folgen zu tragen haben.
Ich ersuche Sie daher dringend, für Abhilfe in
dieser Hinsicht zu sorgen. Ich weiß, dass Sie
als Alleinerziehende mit besonderen Problemen
zu kämpfen haben, kann aber darauf leider keine
Rücksicht nehmen.

Mit Bedauern

Berthold Cartesius, Mathematiklehrer

Das Antwortschreiben der angeschriebenen Mutter:

Sehr geehrter Herr Cartesius,

vielen Dank für Ihr kürzliches Schreiben, das
ich mit Interesse gelesen habe. Leider muss ich
Ihnen mitteilen, dass mein Sohn Louis Étienne
zu Hause weder Interesse an der allgemeinen
Haushaltsführung noch an Ordnungs- und
Reinigungsmaßnahmen zeigt. Sein Zimmer sieht
bereits seit Monaten aus wie ein Saustall,
und er erschien mehrfach und ohne Angabe
von Gründen verspätet oder gar nicht zu den
Mahlzeiten. Weder benutzt er auf dem WC die
dafür vorgesehene Klobürste, noch legt er seine
Schmutzwäsche in das entsprechende Behältnis.
Den Nachbarn und Haustieren gegenüber

verhält er sich überheblich bis rücksichtslos.
Aufforderungen und Mahnungen beachtet er
so gut wie nie, und zudem missachtet er die
Autorität seiner Mutter. Ich möchte Sie
dringend ersuchen, für Abhilfe in dieser Hinsicht
zu sorgen. Ich weiß, dass Sie als allein
unterrichtender Mathematik- und Klassenlehrer
mit besonderen Problemen zu kämpfen haben,
kann aber darauf leider keine Rücksicht nehmen.

Mit Bedauern

Tabea Schlönz-Klapproth

Was soll man dazu noch sagen?